通俗
经济学常识

李小庆◎编著

中国商业出版社

图书在版编目（CIP）数据

通俗经济学常识／李小庆编著．—北京：中国商业出版社，2020.1

ISBN 978-7-5208-0958-0

Ⅰ.①通… Ⅱ.①李… Ⅲ.①经济学—通俗读物 Ⅳ.①F0-49

中国版本图书馆 CIP 数据核字（2019）第 236626 号

责任编辑：袁娜

中国商业出版社出版发行
010-63180647　www.c-cbook.com
（100053　北京广安门内报国寺 1 号）
新华书店经销
天津旭非印刷有限公司印刷

*

710 毫米×1000 毫米　16 开　14 印张　150 千字
2020 年 1 月第 1 版　2020 年 1 月第 1 次印刷
定价：39.80 元

****

（如有印装质量问题可更换）

前言
Preface

很多人一直都存在着认识的误区,他们认为经济学是一门高深的学问,是经济学家们关心的事情,自己仅仅只是个平头百姓,距离经济学太过遥远。殊不知,经济学就发生在我们身边,与我们仅有咫尺之遥,与我们的日常生活产生密切的联系。无论是教育、日常生活、职场,还是家庭生活都无时无刻不受经济学的影响。

有些人一开始是个名副其实的门外汉,但是他们通过继续教育,学习到更多的技能,赚到更多的钱实现了人生的逆袭;有些人高考结束后在考虑是出国打工挣钱呢,还是去上一个二流学校;有些人跳槽跳来跳去却把自己跳成了流浪一族等。这些现象我们早已司空见惯,但是却并不懂蕴含于其中的经济规律与原理,甚至成为那个被蒙在鼓里的人。

不懂经济学常识是一种不明智的选择,因为经济学贯穿在我们的日常生活中,我们每时每刻都在运用经济规律与原理进行取舍，做出选择。如果我们对经济学不闻不问，就会在经济生活中处于下风，因此学一点经济学常识对我们而言是非常必要的。

只有搞懂了经济规律与原理才能破译那些经济现象的奥秘，从而让我们可以"对症下药"，采取最有疗效的"药方"来加以治疗，同时也可以预防一些"疾病"的发生。例如当我们本科毕业没有找到理想工作的时候，就要认真分析自身存在的价值优势以及对是否考研究生做出一个理性的判断，以免到最后"损了夫人又折兵"；当我们找工作的时候要转变自己的就业观念，不要过高估价自己，给自己一个准确的定位；当我们在职场中无缘无故被他人替代的时候，就明白了要努力打造出自己的名牌效应，提升核心竞争力；当我们看到商场搞免费活动的时候，我们就要冷静分析商家是不是挖了一个陷阱等我们往里跳，要知道免费的午餐成本最高；通货膨胀的时候，我们又该如何去加以应对等。透过这些现象，我们就能抓住经济现象背后的本质，少走"山路十八弯"，多走"阳光快车道"，从而拥有一个更加完美的经济生活。

与其他经济学理论专著所不同的是，本书用活泼轻松的笔触和鲜活生动的案例，深入浅出地阐释了市场、消费者、生产者、职场、教育、家庭等各方面的经济学常识，让读者在轻松阅读的过程中，可以学到有关经济学的多方面知识，不断加深对经济学的认识。同时，本书也帮助读者揭开了经济学的那层神秘面纱，让我们看清经济学的真实面目，更好地运用经济学原理来指导我们的经济生活，从而让我们成为自我经济的主导者。

目录 Contents

第一章 消费经济学：做生活中的赢家

虚荣性消费：非名牌不可为 / 002

示范性营销：榜样的力量无穷尽 / 005

广告术：魔术师的戏法 / 009

冲动消费：被"魔鬼"牵着鼻子走 / 012

量入为出：人人都要有一个好账本 / 016

免费效应：你以为商家真有那么仁慈 / 019

折扣消费：先尝甜头，后尝苦头 / 022

消费者效用：买东西就是图个高兴 / 026

第二章　市场：经济学的中枢系统

市场：一张兽皮引发的蝶变效应 / 030

市场形成的基础：专业化与劳动分工 / 033

市场功能：社会福利的发酵粉 / 035

市场原则："指挥棒"下的四大交响乐团 / 037

道德风险：一副自私的皮囊 / 040

市场竞争：没有硝烟的市场交锋 / 043

成本最小化：牵一发而动全身 / 046

第三章　生产者：市场经济中饥饿的猎豹

机会成本：鱼和熊掌，安可兼得 / 050

逐利：生产者勤奋的催化剂 / 053

规模经济：让我找到那块"魔法石" / 055

沉没成本：一颗荔枝吃掉了整个大唐王朝 / 059

生产成本：一道看似很简单的算术题 / 063

稀缺产品：商家获利的不二法门 / 067

第四章 报酬：一个不容忽视的课题

报酬：如何提高劳动者报酬 / 072

报酬与幸福：报酬越高，幸福指数就越大 / 074

最低工资适中：利大于弊 / 077

监督：发挥出应有的激励作用 / 079

报酬与股份：让员工成为企业的主宰者 / 082

失业：多少人正在被这一魔头困扰 / 083

第五章 国家经济与一体化：国际贸易之间的复杂关系

国民收入：国家的腰包要"丰满"起来 / 090

国家的经济指标：GDP 与 GNP 的区别 / 093

GDP 失灵：油门坏了，车还能快跑吗 / 095

经济一体化："村"民们的经济保卫战 / 097

热钱：一群速战速决的经济"土匪"/ 101

倾销与反倾销：别拿"低价"当炸药 / 105

中国制造：中国的产品无处不在 / 107

世界贸易组织：规范贸易秩序的督警 / 109

第六章　通货膨胀与紧缩：特殊时期货币的市场百观

货币与通货膨胀：钱太多了，是好事吗 / 112

恶性通货膨胀：大胖子、小蚂蚁 / 114

通货膨胀：真的像传说中的那么可怕吗 / 116

通货紧缩：可怕的幽灵 / 118

货币升值：难道这真是个好梦 / 120

货币贬值：经济大坑，当心脚下 / 122

吉芬商品：特殊时期的板蓝根 / 125

第七章　不平等经济学：让人倍感失望的真相

经济不平等：由来已久的弊病 / 128

再分配：不平等现象的缓冲剂 / 131

裙带关系：造成不平等的一大因素 / 134

收入差距：危机的一大诱因 / 136

税收：实现社会公平的一种方式 / 138

财富转移：实现人人平等 / 141

政府的经济职能：政府能够为人民做些什么 / 142

第八章　教育经济学：一项物超所值的投资

教育投资：真的物超所值 / 146

考研：就一定能增值吗 / 149

教育经营：朋友圈里的营销链 / 151

理性投资：寻找一位牧羊人 / 154

投资与回报：充电的力量 / 157

第九章　家庭经济学：当家方知柴米贵

财政开支：谁来掌管财政大权 / 162

家务经济：雇个保姆真划算 / 165

育儿投资：可怜天下父母心 / 169

退休规划：莫道桑榆晚，为霞尚满天 / 171

养老负担：家有一老，如有一宝 / 175

家庭经济适用：向左走还是向右走 / 177

第十章 职场经济学：展示能力与才华的达人秀

人才与生产力：爱护自己的"左右手" / 182

人才稀缺：成为单位一级保护"动物" / 186

机会成本：职场有风险，跳槽需谨慎 / 189

就业砝码：找到自己的那把刷子 / 194

就业危机：大学生，你真有那么高的段位吗 / 197

世界性竞争：洋人也来抢饭碗 / 202

加薪策略：价值是最高的砝码 / 205

高压竞争：做一条活蹦乱跳的沙丁鱼 / 208

第一章

消费经济学：做生活中的赢家

日常生活离不开消费，消费经济学随处可见。今天你看到某位明星穿了一条漂亮的裙子，于是你很快就去买了一条同款的；今天你看到哪家理发店做折扣活动，于是占小便宜的心理就驱使你火速办了会员卡等。消费经济学与我们的日常生活紧密相连，懂一点这方面的常识，能够让你在生活中做个赢家。

虚荣性消费：非名牌不可为

李先生谈了一个女朋友，由于爱情来之不易，李先生自然加倍珍惜这份情感。每天早晚一次问候短信，每次煲电话粥都是一肚子甜言蜜语。

李先生主动提出要给这位女生买东西，一开始她还矜持一些："不要啊，你赚钱也不容易。"可李先生非得要表示表示，过了几天后这位女生就开始狮子大开口了："我要LV包包。"

尽管李先生知道很贵，但是想想再贵能贵到哪儿去："好的，没问题，我赚钱不就是给你花吗。"女朋友毫不客气地发来淘宝的截图，李先生一看价格差点从椅子上跳起来，14000多元，他想如果不买的话，一是显得自己太小气，二是暴露了自己的收入状况。他咬了咬牙，跺了跺脚，狠了狠心终于点击付款。

过了一段时间，女朋友又发来一个LV包截图，告诉他上一个划了一道印子，让李先生再买一个，李先生回过去一个吐血的表情。女朋友回过来一个怒气的表情，李先生又回过去一排吐血的表情。女朋友回了一句："不买就分手吧。"李先生回过去一排长长的省略号。

生活中像李先生女朋友这样的人不在少数,她们都是不折不扣的"名牌控"。有些人觉得戴一块劳力士手表彰显身份,尤其是拍照的时候要刻意将左手握在右手腕上,这样才能露出自己的手表;有些人就是喜欢穿名牌衣服,非保罗、阿迪不可,有时候穿一双高仿的鞋子都觉得迈不开脚,抬不起头,仿佛自己瞬间渺小了;有些人明明连房贷都没还上,却偏要开一辆好车上班,俨然已经是一个成功人士。殊不知,买车的钱是父母辛辛苦苦攒了多年的积蓄。他们在单位做着小职员,每个月的工资可能连油钱都支付不起,却还死要面子活受罪,这些都是所谓的虚荣性消费。

很多奢侈品并不是人们生活中所必需的产品,也完全超出了大部分人的消费能力,然而就是有很大一部分人偏偏要把这些奢侈品当成必需品。有些女生必须用高档化妆品,否则就没有自信上街;有些90后的小朋友非要买最新出的苹果手机,否则就觉得拿不出手;有些自认为长得帅过鹿晗、韩庚的文艺范儿必须要买一件漂亮的风衣才能参加各类聚会,否则就觉得配不上"帅哥"这个称号。事实上,很多人并非是高收入阶层,并非是生来含着金汤匙的富二代,并非是成功逆袭的人士,他们也没有太高的消费能力。然而,只要看见所谓的名牌,他们就会两眼放射出欲望的光辉;只要谈论到这些名牌,就不再沉默寡言,而是滔滔不绝,仿佛自己已经成了时尚界、贵族圈子里的一名重要成员。

也许在很多低调有内涵的人心中,他们会觉得这些人如此肤浅幼稚无涵养，对这些轻浮的令人感到厌倦的炫耀性消费行为大肆抨击；也许他们还会著书立说，用一个所谓的知识分子的良心去唤醒那些麻木的"年轻人"。然而，一切无济于事，没有谁能真正左右市场，没有谁能真正解救这些"名牌控"，没有谁能真正抵挡这些奢侈品的诱惑力，那些低调的人成了"沉默的大多数"。

这一切都是因为消费者心中潜伏着一个野兽，它伺机寻找着猎物，只要目标出现就会张开血盆大口，这只野兽就叫作"虚荣心"。

正是因为虚荣心，让人们觉得有身份有地位才是王道。多少人把面子看得比什么都重要，朋友聚会他人都开着好车，而你骑着个电动车赶过去，如果你的女朋友也在场，她会感到极度的失望。她能想象到闺蜜们会如何在背后对她冷嘲热讽。几乎所有人都想过得体面一些，都想过一种贵族的生活，都想被人们唤作女神男神。有人勒紧裤腰带也要买辆好车开，就是为了在人们面前炫耀，炫耀已经成为一种可怕的社会现象。

正是因为虚荣心，很多人才会将奢侈品显而易见的优点当成炫耀的资本。就像一个人有一枚21克拉的钻戒戴在手上，站在一个戴着一枚地摊货戒指的女生面前，即使她只有160厘米的个头也会瞬间觉得自己高大起来。这枚钻戒让她感到一种极大的成就感，她会觉得自己是公主，是"女皇陛下"，它让她"看上去很美"。在很多人的价值观里，买的就是感觉，玩的就是心跳。

内心里"虚荣"这头野兽无时无刻不在误导着我们，让我们不再像童年那样为得到了一块棒棒糖兴奋了半天；不再为得到一串啪啪响的爆竹而活蹦乱跳；不再为爸爸将你放在自行车的车梁上而觉得多么威风。在商品社会里，许多人已经沦为"虚荣"的奴隶，它驱使着人们干什么人们就去干什么，它让人们消费什么人们就消费什么，活生生上演着一场"炫耀性消费"的闹剧。

当然，炫耀性消费也并非不对，不同的价值观造就了不同的消费观，不同的消费观又衍生出不同的消费行为，不同的消费行为又有着不同的表演者与欣赏者。正是我们的经济生活中有着不同的消费行为，才使得消费引发我们去评头论足，研究深思。

示范性营销：榜样的力量无穷尽

2013年，国内流行组合F4重聚江苏春晚，唤起了80后、90后们的集体回忆。粉丝们在台下呼喊着他们的名字，重新燃起那一团逝去的青春之火。F4最当红的时候，引发了一阵时尚潮流，几乎每一个年轻人都穿着印有F4标志的裤子，每一个喜欢音乐的人都会去哼唱他们的歌。F4已经不仅仅是一个音乐组合，俨然成为一种品牌，一种时尚的风向标。商家正是捕捉到了这一敏感的商业信息，才会在这次潮流中成为第一个吃螃蟹的人。

明星作为公众人物，常常引发大众的高度关注。他们的发型、言论、服装甚至思想价值观等，都能够起到很大的示范作用，让年轻人竞相谈论，纷纷效仿。当年英国著名的披头士乐队主唱约翰·温斯顿·列侬在表演的过程中有嚼口香糖的习惯，歌迷们就开始效仿起来，这直接引发了英国口香糖脱销的现象。披头士乐队四位成员喜欢穿窄裤脚、瘦身的西装，这也引发了英国的一场服装革命，越来越多的生产厂家摒弃了过去那种宽松肥大的西装款式，而是改成了窄裤脚、瘦身的款式。在披头士乐队最火爆的时期，商家努力从他们身上挖掘商机，牟取不尽的财富。由此可见明星们的示范效应威力是何等巨大。

在经济学领域，明星们的示范效应蕴含着巨大的商机。商家们正是发现了明星对粉丝们、对年轻人有巨大的感召力，才会纷纷请明星们代言，以求起到一个很好的宣传效果。像成龙代言"霸王"洗发液，周杰伦代言的"优乐美"奶茶以及当年《西游记》在全国热播时期六小龄童代言的"金猴"皮鞋，都是商界较为成功的案例，取得了非常不错的社会反响。

有时候，很多明星的示范效应都超过产品本身的价值，很多人之所以购买产品，是难以抗拒明星的感召力。普通人与这些明星并无太大的区别，同样需要洗头发，同样需要喝奶茶，同样需要穿皮鞋，但是换作普通人去代言，很难起到预期的广告效果。那么，又是什么原因让人们受示范效应的左右呢？

1. 消费者受到消费效能的影响

消费者在进行消费的时候，定然是要追求消费的最大效能。所谓的消费效能不仅仅包括消费者对产品本身的满足感，同时包括消费者在与他人比较中所得到的满足感。人们在消费中往往会找一个参照物,无论是剪一次头发或者买一件衣服都会受到其他人的消费影响。例如一位都市女性在电视荧屏中看到某位女歌手的发型看起来优雅高贵,她就会让理发师剪一款同样的发型。即使这款发型并不太适合这位女性,她也会觉得自己是在向明星们看齐,身份仿佛提升了一个高度。

2. 消费者的虚荣心在起作用

明星们的发型、明星们的服装不一定就真正适合每一位消费者,但是消费者尤其是女性消费者往往具有那种盲目崇拜的心理,她们以明星等人士为榜样,认为她们选择的就是最好的。

经济学家曾经把消费者们比作是站在星空下的人,浩瀚星空之下,消费者们瞬间觉得自己不过是天地之间的一粒尘埃,太过渺小,使他们成了那个"仰望星空"的人。那些漫天闪烁的星星就是明星、名人等公众人物。几乎每个人都有一种"向上"的追求,所谓"人往高处走",正是这种心理让消费者们对明星们所消费过的产品趋之若鹜。某年春晚,演员牛莉与郭冬临表演的小品得到了广大观众们的认可,也让牛莉赚足了人气。她身上穿的那件毛衣也成为广大女性消费者们的最爱,淘宝上这款毛衣上了首推,商家们大赚了一笔。

消费者的这种心理成为商家们最大的商机,无疑为商家们运作市场起到了一个很好的推波助澜的作用。商家若要取得较为丰厚的利益,就必须建立在消费者们强大的购买能力基础之上。随着社会的不断发展，消费者都具备了一定的消费能力，商家若能够充分利用好明星们的示范效应，就能够刺激消费者们的消费，加大产品的销量。归纳起来，主要有两种情况：

一种是"无偿代言"，即商家不需要为明星们支付代言费用就可以起到很好的宣传效果。就像上述案例中的牛莉，商家并没有请她为那款毛衣代言，然而牛莉本身人气的增长让这款毛衣也赚足了人气。商家敏锐的触角及时捕捉到了这一商业信息，就开始大量生产这款毛衣，他们巧借东风之势，让商业之船顺势而下，抵达了巨大利益的彼岸。另一种则是"有偿代言"，所谓有偿代言就是指商家要支付给明星们一定的代言费，上述案例中成龙、周杰伦、六小龄童都获得了一笔不菲的代言费用。这种方式比第一种更为直接，更为奏效，自从周杰伦给"优乐美"做了代言之后，很多人在消费的时候往往会首选"优乐美"，这就达到了很好的宣传效果。

世界上一切事物都处于运动变化之中，时尚的潮流在变，但是明星们的示范效应却不会发生变化。过去女性们都爱穿宽松的裤子，过了一段时间后又开始流行铅笔裤，如今宽松的裤子又开始流行起来，无论明星们穿哪一类风格的衣服，都会影响消费者的偏好与审美倾向。如果明星们是一泓湖泊，消费者则是映出的倒影，示范效应则是那澄澈的湖面。当消费者站在岸边就会在湖面上看到自己的影子，他们认为自己有一种无与伦比的美丽。即使有人投掷来一块石头让湖面凌乱，少顷湖面就会恢复平静，这种示范效应就永远不会失效。

广告术：魔术师的戏法

琳琳一直都被脸上的青春痘所困扰，痘痘直接影响到她找对象。有一天她在网络上看到一则广告，上面写着某某厂家正打折促销一款祛痘膏，经过某某高人的多年潜心研究，效果奇佳，如果一个疗程没有效果全额退款。琳琳仿佛看到了救星的到来，迅速下单买了一个疗程的药。结果却是大失所望，不仅没有祛痘，皮肤还发生过敏反应。琳琳打电话给商家，对方一直占线，琳琳知道自己上当了。

广告营销已经成为商家惯用的一种营销方式，商家抓住了消费者的消费心理，充分发挥广告效应，从而增加了产品的销量，也在无形之中提高了商家的知名度。脑浊乐队曾经在歌里面唱道："这是一个广告的世界，你有什么打算？"的确，我们正在被形形色色的广告所包围，无处可逃。走在街上也许你正在和女朋友煲电话粥，这时突然有位大叔发给你一张传单；当你正追剧追到高潮的时候，突然插播了一段某某化妆品的广告；当你坐在商场的休息区，信手翻起书报架上的一本杂志，里面就可能印着某某不孕不育医院的大幅广告；当你驱车前往农村老家，这时远远就看见前方有某某风景区的巨大广告牌。可以说，广告无处不在，一个没有广告的时代,必然是一个贫瘠落后的时代。

通常情况下,广告有两种主要形式。一种是户外广告,就像高速公路上风景区的广告牌、某某职业学校在公交站牌附近所打出的广告,甚至在农村的墙壁上也会打着治疗癫痫病的广告。这种广告形式冲击力较强,但是受地域限制较大。假如你和三五好友到另一个城市游玩,看到商业街上有一处某某美食店的广告,就难以抵挡住美食的诱惑,顺着箭头寻寻觅觅。如果你没有来到此地,就与这家美食店无缘。另一种形式是媒体广告,像报刊、电视、网络等都是重要的广告载体。近些年来随着自媒体的崛起与发展,越来越多的商家会选择一些粉丝量较多的微博、公众号植入广告,这是一种极为明智的选择。这些平台拥有无数的拥趸,传播速度快,范围广,让很多商家从中受益,同时也让咪蒙、杜子建这些自媒体高手赚取了极为可观的广告收入。

广告营销可以为消费者们提供较大的消费便利,但是在享受便利的同时也无法避免一些烦恼的存在。广告就像是一个魔术师,带有很大的欺骗性,很多消费者都有被广告忽悠过的经历,有些人还不止一两次。就像文章开头的案例中琳琳就是因为轻信了商家掺杂水分的广告,才花了冤枉钱,吃了哑巴亏。在生活中这样的例子不胜枚举,一个热爱美食的女生在淘宝上看到了某商家鲜艳欲滴的草莓广告图,垂涎欲滴,她就果断付款购买。结果当她拆开快递盒以后才发现自己就是个受害者,这些草莓不仅颜色没有图片上的好看,而且口感也很一般,很多草莓根本没有甜味。

还有一些明星代言的保健药，根本就起不到应有的保健效果，然而这些明星却在荧屏上大肆吹捧，让很多消费者深信不疑，最终却大失所望。

广告还有一个非常显著的特征就是重复性。坐在电视机前的人或许深有体会，当他们进入剧情与主人公们同呼吸共命运的时候，这时突然插入了一段广告，观众朋友就会觉得大为扫兴。更令人难以忍受的是，这些广告总是在重复性播放，很多人都能将广告词倒背如流。曾经有一段时间，某某祛黑头的美肤产品打出了铺天盖地的广告，很多频道都在同步播出。代言人的大肆渲染，营造出一种竞相抢购的气氛，很多消费者无论是出于美肤需要还是出于好奇，都会购买该产品体验一下。重复性的广告播放制造了轰炸式的效果，将消费者们的意志轰炸得四分五裂，在这样的背景下，商家自然达到了预期的目的。

持久性也是广告营销一个非常重要的特征。很多知名品牌像百事可乐、耐克一直都在做广告，没有间断过。很多消费者也许认为这是在浪费财力，但是买家永远没有卖家精，商家之所以这样做是为了吸引那些轻度消费者。所谓轻度消费者就是指那些对某产品不消费或者消费次数很少的消费者，他们对一个品牌的塑造与发展具有不可估量的作用。就像百事可乐尽管已经是家喻户晓，但是很多消费者尤其是老年消费者以及一些农村地区的消费者对百事可乐的需求量微乎其微。因此，商家如果通过这种铺天盖地式的广告触动这些轻度消费者的心灵，势必会让百事可乐的销售数量大为增加。如果百事可乐的原轻度消费者占70%，在广告营销的作用下就会减小到60%。就拿中国为例，巨大的人口基数让百事可乐的消费量迅速增长，这对商家而言无疑又打了一次漂亮的销售战。

　　一位魔术师在台上表演节目的时候，常常会因为奇妙的变化赢得观众们的满堂喝彩，很多人都将魔术师看作是奇人、高人。事实上当他们懂得其中的奥秘与玄机，就会发现原来一切不过如此。对于广告营销而言亦是如此，商家就是舞台上的"魔术师"，而这种广告营销的模式就是变幻多姿的戏法，它们让消费者们看得眼花缭乱，晕头转向，让消费者们甘愿为此买单。即使消费者们后知后觉，发现"魔术师"在表演时用到的技法与道具，也为时已晚，付过的钱就难以追回来。也许有些消费者会提高警惕，避免下次上当，但是这些精明的"魔术师"还会研究出更新的戏法，让消费者防不胜防。

冲动消费：被"魔鬼"牵着鼻子走

　　一位80后的女孩在第四次跳槽以后，开始怀疑人生。是不是自己真的一无所有，没有房子、车子、票子，没有工作，没有男朋友，难道自己真的就这样对镜贴花黄？她在心里暗自安慰："不！在哪里跌倒，就在哪里站起。"她对着镜子做出一个加油的姿势，对自己说："你是最棒的。"

她制订了再次求职的计划，做好简历，想好开场白，又打算去商场买一身正装面试那天穿上。来到商场，看了一家又一家，一直没有买到合适的，心里感叹："天哪，一身正装就这么贵。"她有些意兴阑珊往回走，走到一楼时，珠宝柜台的售货员在叫卖："全场一折，看一看喽。"不知被一股什么力量所牵引，她走了过去，在售货员的一通天花乱坠般的介绍之下，她心动了。她想自己三十几岁了，到现在都没接受过男人送的珠宝首饰，真是人生中的一大憾事。售货员这时又火上添薪："女士，你看你长得这么漂亮，戴上它一定很美丽，真的。"她听后内心感到莫大的欣慰，每每有人说她漂亮，就喜不自胜，心里还在想着该不该买，结果支付宝支付码已经打开，只听"嘀"一声，1299元已被消费。

在经济学领域女人们都被称作"冲动消费者"，在消费的过程中，完全会超越理性与意志，受商品的外观与广告的左右，最终成了魔鬼血盆大口里一只小小的羔羊。上述案例中，这位女孩正是被魔鬼冲昏了头脑，又被售货员的甜言蜜语所打动，因此才会买了一件对自己并无太大意义的商品。估计这位女孩回到家后想起没有买的正装，看到这件多余的珠宝首饰，一定会有一种巨大的悔恨，她也许会自我埋怨："我怎么就这么冲动啊。"

在生活中，经常会有这样一种现象发生，一个油腻的中年大叔，往往会抱怨自己的老婆总是乱花钱："你看看我妻子，去超市之前说好了买什么什么，结果买了一大堆打折的卫生纸，放在家里用不完。"

我们可以将女性的这种冲动消费称作是"迷失方向"，在经济学领域，在市场交易中，到处都游走着这样一群"迷失方向"的人。那么，她们缺乏方向感的原因又在哪里呢？

1. 情绪因素

有些女人的情绪就像是天气一样阴晴不定，让人难以捉摸，用诗人汪国真的话来说："别去猜，一猜就错。"很多女性工作多年，结果结婚时竟然连1万块钱都拿不出来，原因就在于每当发工资时，她们就会将工资"充分利用"：淘宝逛起来，咖啡厅坐起来，发型秀起来。

当女性情绪出现波动的时候，消费就会成为这种情绪的衍生品。尤其是当一个女生感到悲伤的时候，就会发出感慨："大千世界，唯有美食不可辜负。"一顿美味的大餐就会成为她们最好的安慰剂。电影《小时代》中，郭采洁饰演的顾里失恋时坐在台阶上痛哭一场，当闺蜜给她一个大大的汉堡时，她竟然不哭了，大口大口啃着汉堡，一副天下从此太平的势头。当女性在一次消费中得到满足的时候，她们的情绪就会得到平复，花钱多少已经成为一个不值得考虑的问题。

2. 人为气氛能够挑动女性最为敏感的神经

有些爱占小便宜的女性，当她们走在商场看到有打折活动的时候，就会趋之若鹜。俗话说，买家没有卖家精，这些女性明明掉进了"大灰狼"的圈套,却认为自己捡了个宝。就像文章开头案例中的那位女孩,就被一折销售所诱惑了。

一些女性在购物的过程中,往往也会被商场的时尚与浪漫的气氛所感染。毋庸讳言,任何一位女性内心都会住着一位女神,无论这位女性年龄多大。商家正是抓住了女性的这种心理,才会在商场营造出一种气氛。置身于这样的氛围里,女性会认为自己俨然是童话中的美丽公主,被无数个小矮人簇拥在一起,虚荣心得到巨大的满足。

3. 当女性面对众多选择时,就会变得难以选择

就像一个90后的小姑娘,面对令人眼花缭乱的衣服时,就会犹豫不决,试了一件又一件,最后依然没有买到想要的那件。女性在消费时也会犯这样一个错误,当商品琳琅满目,看看这,瞧瞧那,好像每一件商品都是自己所需,都想被自己拥有,所谓"乱花渐欲迷人眼"。她们往购物车添加了这,又添加了那,最后才想起自己最初是想要买一个水龙头,结果快递接二连三送来了衣服、口红、手纸等。每每这时,女性们就会一次次告诉自己,下次再也不能这样了,结果依然重蹈覆辙。

消费的时候,我们一直希望做主人,却总是被"冲动"牵着鼻子走。它就像一只魔鬼,让我们没有主见,迷失方向。我们多么想扣动扳机,将它一枪搞定,事实上它不仅能够左闪右躲,同时还有着强大的攻击力,让我们手足无措,只好任它为所欲为。

量入为出：人人都要有一个好账本

黑嫂是村子里公认的好媳妇，不仅孝顺公婆，而且还勤劳能干。更重要的是，作为家中的"财政大臣"，她将家里的财政搞得是有声有色。以前老公黑娃是村子里典型的"大懒虫"，不爱劳动挣钱，还不会过日子，有一块钱非要花两块钱，实在没钱还向别人家借钱。

自从黑嫂嫁过来后，家里不仅还清了以前的债务，每年还能有剩余，尽管不是很富裕，但小日子过得也是很滋润。乡亲们都说黑娃好命找了个好媳妇，每每这时黑娃就嘿嘿笑着说："俺媳妇会列单，会算账。"

黑嫂自己准备了一个账本，不仅把家里收入列得一清二楚，而且还把生活中那些必需的消费品开支也列出来，这样黑娃就无法多花一分钱。黑嫂还会每个月从家里的收入拿出一小部分当作是孩子的教育资金，她对黑娃千叮咛万嘱咐，无论如何都不要动那笔钱。

黑嫂在她的理财中就用到了量入为出这一理念，消费中量入为出是一个人应该遵循的消费规则。一个人的消费支出取决于他的收入水平，倘若收入平平却要追求高质量的生活，必将会带来较大的经济压力。有些人明明房贷都没还清，却又要贷款买车，买回之后才发现每月的油钱就让自己吃不消；有些人明明只是普通的工薪阶层，却要买名牌衣服，隔三岔五下馆子吃饭，结果成了名副其实的月光族；有些人办了信用卡享受到"超前消费"的待遇，结果发了工资才发现刨除生活中一些必需的费用，没有钱再去偿还信用卡，于是只好向同事借钱先把信用卡还清，拆了东墙补西墙。

生活中这样的现象比比皆是，很多消费者根本没有考虑到自身的实际情况，被购买欲所驱使，花了不该花的钱，犯了不该犯的错，最后只能是"满身伤痕"。久而久之必将造成两个较为严峻的问题。

1. 无节制的消费者永远都是"赤字"

一个人想变得富有就必须有资本积累，如果一个消费者赚钱的速度永远跟不上花钱的速度，他的"财库"永远都会出现赤字。即使这位消费者找到一个商机，因为没有投资的资本，只能与财富擦肩而过。

2. 消费者永远都会背负着债务这座大山

很多消费者都会在冲动消费之后恨不得打自己耳光，早知如此何必当初呢？用老百姓的话说："自己几斤几两难道不清楚吗？"当一个消费者的消费水平完全超过了收入水平，那么他就多了一重身份——债务人。俗话说，无债一身轻，背负着债务就像是被一座大山压得喘不过气来。背负着债务不仅对自己不利，而且还影响家人的生活质量。父母不可能坐视不管，只好拿出自己辛辛苦苦积攒的血汗钱为你填补窟窿。他们养我们这么多年已经很不容易，到了晚年却没能享一天清福，我们又于心何忍。

那么，怎样才能成为一个精明的消费者，将生活中的理财搞得像黑嫂那样有声有色，有模有样呢？以下几点非常重要。

1. 做到以入为出

消费者在消费时就要翻翻自己的"账本"，看看自己每月到底能有多少收入，倘若每月就 5000 元的收入，就不要盲目消费。在消费之前列出每月必需的消费开支，对于那些奢侈品就不要心存太多的幻想。消费者要学会做到反躬自省，给自己一个准确的定位。总之，适合自己的消费才是最好的消费。

2. 要有一个消费规划

学习要规划，职业要规划，消费同样也要规划。装大款，摆阔气永远都不是合理的消费，只会给自己带来无尽的烦恼。例如一个消费者想买一台双开门的冰箱而手头暂时有些紧张，那么他可以每月攒出一部分钱来，等钱攒齐全了就可以拥有这样一台冰箱。一位背包客想把省内的各个景区都游览一遍，但是一时半会儿拿不出那么多资金，他可以分阶段去旅行，什么时候资金充足，就什么时候启程。通过这种方式，可以渐渐地将自己的旅行目标实现。

3. 守住自己的消费底线

对于消费者而言，消费底线就如同一道封锁线，一旦这道封锁线被攻破，他的财务系统就必将涣散溃败。所谓消费底线就是指消费者最大的消费极限，一个消费者不能超过这个极限，假如一个消费者每月最多只能消费1500元，结果却消费了2000元，那么他将背负500元的资金压力。消费者要懂得克制自己的欲望，不要攀比，不能盲从，量力而行，坚守住自己的那一道防线。

4. 预存一部分资金，以备不时之需

黑嫂每月拿出一部分钱当作孩子的教育资金就是一个明智的做法，当他们的孩子长大又很优秀，黑嫂就可以用这笔费用支付孩子大学期间的学杂费，而不致因交不起孩子的学费而东拼西凑。消费者要向黑嫂学习，每个月拿出一部分收入当作"战略资金"，一旦急需用钱就可以用来救场。

生活中，每位消费者都要有这样一个好账本，在账本上做好收入与支出的减法，但愿每一位消费者都能够得到一个正值而不是负值。如同消费者在做跷跷板的游戏，消费者坐在一端，另一端是资金压力，量入为出就是最公平的杠杆，获胜方永远都是消费者，他将资金压力翘得高高的，宣告着自己的主动权与优越感。

免费效应：你以为商家真有那么仁慈

晶晶与元元都是爱美的女性，有一天她们路过一家服装店，外面挂出这个招牌，上面写到：挥泪大甩卖，本店所有的服装都是4折销售。被4折销售所蛊惑，她俩的脚步不知不觉被无形地

牵引进去。

看到店内服装的标价,她俩有些小小的兴奋。原先400元的衣服打完4折以后,才花160元,一次性就能省出240元。晶晶与元元就各自挑选了几件物美价廉的衣服,开开心心地回到宿舍了。

爱美使然,晶晶第二天就迫不及待地穿上了新买的衣服。来到单位以后,同事小王看见后就问你这件衣服花了多少钱,晶晶非常自豪地说:"不贵,才花了160元。"小王听后有些吃惊:"什么,160元?我在百货大楼买了一件才120元。"晶晶惊讶地嘴巴张成O形。小王仔细地给她分析了一下,其实商家利用了顾客贪图小便宜的心理,在服装的价格标签上做了文章,本来120元的服装在标签上写上400元,然后再抛出打折促销的招牌,让顾客误以为自己占了很大的便宜,他们抛出了诱饵,让顾客乖乖上钩。

上述案例中,我们不难发现一个亘古不变的真理,世界上没有免费的午餐,商场里也没有傻瓜似的商家。任何一个商家的最终目的就是要获取利益的最大化,事实也证明顾客若要吃到免费的午餐,往往会付出很大的代价,用一个很流行的词汇来形容这一现象那就是免费有毒。

经济学家曾打过一个形象的比喻,如果把商家比作是钓翁,那么他一定是位极其聪明的钓翁,他完全能够凭借自己的经验与计谋成功钓起一条条肥美的鱼儿,而顾客就是这些鱼儿。商家利用自己的商业敏感,抛出了一个又一个诱饵,而顾客们在这些诱饵的引诱下甘愿上钩,这真是姜太公钓鱼,愿者上钩。当这些鱼儿咬住钓饵的时候才恍然发现，一根尖利的钓钩穿透了自己的嘴，最终被一根银色的钓线拖出了水面，纵使垂死挣扎也无法摆脱自己上钩的命运。

在经济学这片浩瀚的海洋里，这样的"钓翁"与这样的"鱼儿"数不胜数。在国外的一家酒吧里，花生米是免费的，很多人被贪占小便宜的心理所驱使，于是就会随意索要花生米。很多人吃了花生米之后，难免会口干舌燥，他们就需要饮料与矿泉水来解渴。当他们缴费的时候才发现，这些饮料、矿泉水非常昂贵，但是他们口渴难耐，无奈之际只好花钱购买。

这就是商家抛出的一个诱饵，他们让消费者免费去吃花生米，消费者在这诱饵的引诱下，就乖乖地咬钩了。买家永远都没有卖家精，当消费者自认为占了便宜的时候，实际上却掉进了商家设计好的圈套，吃了大亏。就拿上述案例而言，消费者原本只是想免费吃几包花生米，可是后来他们才发现为了解渴，他们花费掉了很多的费用，这与最初的"来吃免费的午餐"的设想大相径庭。

还有很多商家为了搞促销，就挂出了巨大的招牌，上面会这样写到：本商场所有的商品均为1折起销售。那个"起"字写得特别小，不仔细看根本无法看清，这就对消费者们构成一定的欺骗性与诱惑力。很多消费者看到1折，内心就会激起层层涟漪，他们认为自己这次是赚大发了，必将不虚此行。一些需要洗衣机的消费者看中了一款洗衣机，当他们付款时才发现这台洗衣机的价格并非是1折，而是7折，他们哑巴吃黄连，有苦无处申冤，毕竟洗衣机是必需品，尽管价格不低，依然会很不情愿地花钱购买。他们就是贪图吃"免费午餐"的亏，结果却付出了"沉重"的代价。

但凡有些经济学常识的人都知道，商家经营的最终目的就是为了赚取最大的利益，把这些商家当作是慈善家，消费者就走进了认识上的误区，最终会导致利益上的损失。因此，消费者必须时刻警诫自己，天下没有免费的午餐，免费的商品往往是最贵的。

折扣消费：先尝甜头，后尝苦头

任何一位爱美的女性都希望自己青春永驻，为此越来越多的女性朋友选择到美容院做美容。美容院的经营者为了抓住更多的顾客就不断推出打折优惠的活动，让更多的人前来光顾。

菲菲在小区的那家美容店做了一段时间觉得效果不错，就在店家的劝说下办了一年会员。菲菲算了算，做一次面部清洁与护理需要200元，办了会员之后每次只需要170元，自己每月做两次，这样算下来每年可以节省720元。这720元完全可以再做几次或者买几件漂亮的衣服，想着想着菲菲心里乐了。

后来当店家告诉菲菲如果办两年的会员，还会送祛痘膏和洗发液时，菲菲一激动就果断地将一年会员改成两年会员。

上述案例中，店家正是利用折扣效应来说服菲菲办理会员，从而拉住固定客户，赚取更大的利润。在现实生活中，像这种利用折扣效应实现利益最大化的商家无处不在。一些快餐店会根据顾客消费的金额度来赠送不同的优惠券，当然这些优惠券不能随便使用，必须建立在消费者达到最低消费数额的基础上；一些电器商场会推出全场5折优惠的活动，并且通过分发传单、现场广播等形式给消费者一定的冲击，刺激消费者的购买欲望；就连农村开小卖店的大叔大妈也懂得打折销售的道理，在炎热夏季会在小黑板上打出"汽水买二送一，冰棍买五送一"的广告。

这些都是商家打动顾客，赚取较大利润常用的营销方式。很多消费者都有一种占小便宜的心理，认为办了会员，领取了优惠券自己就真的得到了相应的利益。事实上，消费者的一举一动永远都在商家的掌握之中，任消费者再精明，再"神通广大"也逃不出商家的"五指山"。商家正是抓住了消费者的这种心理，才能屡试不爽，多次成功。当然，也有很多消费者明明知道自己掉进了商家设计的陷阱，知道商家其实是在变相掏他们腰包，但他们认为既然都要消费，既然每次都要被商家掏一次腰包，办个会员或者领个优惠券最起码可以被商家"宰"得轻一些，自己不至于痛彻心腑。因此，商家每次下网都不会扑空。

很多人都有淘宝购物的经历，也会在购物的过程中感受到烦恼所在。一个消费者购物时发现，商家打着购物满120元就送一个20元的优惠券的广告，本来他只想花80元买一件韩版黑开衫，但是经不住诱惑，又买了一件60元的白衬衣，事实上家里已经有很多白衬衣，这一件有些多余。付款后，商家送给他20元的优惠券。过了一段时间后，他想用这20元去别家买本书，可是这张优惠券无法在其他店家那里使用，只能在买开衫与衬衣的这家使用。当他使用时又发现，这张券有一定的使用权限，必须购物满50元才能使用，言外之意必须再花30元才能使用。对他而言，这张优惠券弃之可惜，"食"之无味，完全是一块鸡肋，但是他又不想便宜了商家，只好又花40元买了两条内裤，才将这张优惠券用出去。

通过这个案例我们可以看出，在折扣促销中吃亏上当的永远都是消费者。就像上述案例中的消费者以为自己得了一张优惠券赚了蝇头小利，事实上却多花了很多钱。本来只需要花80元买件开衫，结果却花了60元买了一件并不需要的白衬衣，又多花40元买了两条内裤，才将20元的优惠券使用出去。事实却是他以100元的代价得到了一张20元的优惠券。当然，任何事情都是一把双刃剑，当这种折扣效应达到一定程度的时候，也必然会给商家的发展带来一些负面的影响，具体表现在以下几个方面。

1. 有损品牌形象

俗话说，便宜无好货。当商家长久搞打折促销活动，势必会让消费者认为这种商品应该质量低劣，久而久之就不利于商家品牌形象的打造。

2. 容易让消费者萌发观望心理

当商家持续多日打折促销时，消费者贪图小便宜的心理又会发生作用，他们会想今后价格会不会再降一降，如此一来，商家的销售指标就无法在短期内实现。

3. 潜在竭泽而渔的风险

当商家开始搞降价促销活动，消费者们就会趋之若鹜，将这些商品抢购一空。尽管商家实现了短期内的销售目标，但是从长远来看这并不利于持续发展，消费者在今后对该产品的需求基本处于一个真空的状态。例如超市促销卫生纸、手纸，一些家庭主妇就会抓住这一大好时机疯狂抢购，有些家庭主妇还会让老公开车前来运载。当消费者购买了一定数量的卫生纸、手纸，短期内就不会再买，商家日后的销售数量就会有所降低。

4. 存在着部分让利的现象

商家用薄利多销的方式来提高销售数量，事实上让了一部分利润给消费者。像单反相机这种非生活必需品，即使通过打折促销增加了销售数量，也不会给企业带来太大的利益，因为消费者对这种商品的需求量少。

打折促销这种方式对商家而言会带来一定的负面影响，但是总体而言还是利大于弊。商家未雨绸缪，在搞打折促销之前就会做好各种计算，确保自己稳赚不赔。在市场交易中，商家就像一位经验丰富的深山捕鸟高手，先在地上撒下谷子、小麦等诱饵，让麻雀先尝尝甜头，将其一点点吸引过来。等时机成熟再一拉绳子，麻雀们就会被一只大筐扣住。经济生活中，消费者们就常常受限于这只"筐"。

消费者效用：买东西就是图个高兴

电影《做头》是关之琳的一部转型之作，影片讲述了关之琳饰演的爱妮是一位过气的美女，尽管人到中年依然对生活充满着幻想。她幻想着自己可以过上有钱人的体面生活，于是就将精力、财力投入到发型的设计上。她坐在理发店里等着理发师为自己理发，这时候走过来刚从国外回来的年轻时尚的露露，当她看到爱妮依然留着较为传统的蘑菇头时，露露就用略带轻蔑的口吻说："爱妮，你咋还留着蘑菇头呢，真老土。"而爱妮也据理力争："难道就你那爆炸头好看？"两人为此唇枪舌剑一番，最后不欢而散。

从对发型的喜爱上，我们可以看出不同的人对同一消费有着不同的满意度。爱妮曾经是那家老上海理发店的名片，因为蘑菇头能将爱妮的脸蛋衬托得无比端庄，为此爱妮的巨幅照片就贴在这家理发店的窗外，用于店铺的形象宣传。蘑菇头承载着爱妮那段美好的青春记忆，每每想起就会让她在乏味的中年生活中感到一丝慰藉与温暖。而露露是一位小少妇，性格张扬奔放，她觉得只有爆炸头这种发型才能彰显出自己的个性与品位，在她的世界观里只有"个性"，于是当她做了理想中的爆炸头的时候，她就可以像个自信的公主那样在理发店里扭来扭去，一展芳容。

两位女性从不同发型所感受到的满意程度就是经济学中的消费者效用,所谓效用就是指消费者在某一产品或者消费中所得到的满足感。当一个小女孩得到梦寐以求的芭比娃娃时,就会露出好看的小虎牙,抱着心爱的娃娃在梦境里做她的美丽小公主;当一个爱美的90后小姑娘终于在淘宝上买到了一条心仪已久的碎花裙子,走在街上她就会感觉到大街上所有小伙子的目光都聚集在她身上;当一个酷爱网游的青年终于买到了一款新式装备的时候,他就可以将自己的全部能量倾注到刀光剑影中,做虚拟世界的超级英雄;当一个油腻的中年大叔终于背着妻子偷偷在夜市的烧烤摊上猛吃猛喝一通的时候,他才觉得自己不枉此生,人生在世,吃饱喝好才是王道。

人在消费之前,往往会选择那些看来具有最高价值的产品与服务,正所谓油条饼干,各有所好。例如,一对结婚多年的中年夫妻下班后,突然心血来潮要到夜市上撮一顿,重新找回谈恋爱时的感觉。两人找到一路边摊坐下,女的爱吃油炸青椒、金针菇,而男的偏偏爱吃油炸臭豆腐。当摊主将带着浓郁"香味"的臭豆腐端上来的时候,男的就有滋有味吃起来,不时端起一杯扎啤咕咚咕咚灌下去,甚是享受。而女的则捏着小鼻子,一脸嫌弃地说:"那玩意儿有啥好吃的,真是臭气熏天。"男的则一脸不屑,说:"懂不懂啊,这叫享受,花钱就是买个高兴,我这臭老爷们儿就爱吃这臭豆腐,嘿嘿。"

在消费者效用的度量上,经济学家提出了基数效用概念和序数效用概念。我们完全可以用一对小情侣的约会来清晰认识一下这两个概念之间的差别。

基数效用是具体衡量并加总求和的,而表示效用大小的单位叫作效用单位。例如一对90后小情侣相约一起到电影院去看《流浪地球》,来电影院之前两人就在美团购买了电影票,坐等影院开场的时候,小伙子觉得一边看电影一边去吃香喷喷的爆米花会更有情趣,于是又买了一大包爆米花。两人在电影院愉快地看完电影后,又在楼下吃了一顿美味的牛排。吃完饭之后,他们挽手走在热闹非凡的广场上,这时候一位老婆婆凑过来:"小伙子给你的女朋友买束玫瑰花吧。"小伙子将一束带有淡淡芬芳的玫瑰花送给女朋友的时候,小姑娘感动得眼睛有些微微的湿润,于是将小伙子的手挽得更紧了。在这次约会中,小伙子一共有四次消费,假如电影票的效用是10效用单位,爆米花的效用是8效用单位,牛排的效用是12效用单位,玫瑰花的效用是14效用单位,在这次约会中的效用总和就是44效用单位。

即使小姑娘老去,那束玫瑰花也一定会在她心中永远灿然盛开。若给这四次消费的效用做一个排序的话,玫瑰花的效用定然是排在第一位的,其他三次消费则排在后面。这就是所谓的序数效用。

第二章

市场：经济学的中枢系统

经济学可谓包罗万象，令人眼花缭乱，若要探究其真实面目就必须经过"市场"这个路口走入深处，领略经济学的千种姿态，万种风情。本章节主要从市场的起源、市场的功能、市场原则以及道德风险几方面进行阐述，让读者们对经济学有一个真实全面的了解。

市场：一张兽皮引发的蝶变效应

但凡了解经济学，都要从了解市场开始。如果把市场比作是层峦叠嶂、林木苍莽的大山，市场则是人们进山的路口，人们正是要通过这一路口沿着那条十八弯的山路走进大山，去探究大山的真面目。那么这个"路口"又是如何被开挖而成的呢？

在商业文明形成之前，人们还处于远古时期，那时的人们过着一种自给自足的生活。也许在今天的很多人看来，这种生活方式带有一丝浪漫的色彩与诗意的光辉，很多人愿意穿越时光，回到那个人心纯净的时代。殊不知，那个时代的人们很有可能连一件过冬的衣物都没有。

传说一个长发的小伙子极为落魄，今天的打猎又空手而归，这意味着今天的食物没有着落，寒冷的季节里也只能穿干草做的衣服。他多么想得到一张兽皮啊，又暖和，又帅气，他还没成家，如果穿着它在姑娘们面前走两步，保准能吸引很高的回头率。

这小伙子就开始寻思如何能够多打到几只猎物。有一天他突然开窍了，明白了之所以难以打到猎物是因为自己的工具太落后，他精心研究，功夫不负有心人，终于研究出一种叫作弓箭的武器。打那以后，他打的猎物越来越多，自己的住所里竟然多得存不下。他想，我的食物足够了，可是还差个媳妇，能不能拿着这些食物到外面炫耀一下，让姑娘们能够倾心自己。他果然这么做了，在一块较大的石头上面坐下了，将食物全部排列好。

这时一个饥肠辘辘的老者过来，想要点吃的，小伙子摇摇头说这是自己辛苦打来的，不给。老者告诉小伙子可以用自己的闺女和他换食物，小伙子听后美滋滋地将食物送给老者，带着姑娘走了。后来，小伙子需要啥，就用这些打来的猎物和人们交换，人们也开始向小伙子学习，渐渐地也就产生了交易，也就形成了所谓的市场。

当市场这个"路口"被开挖好以后，人们就可以走进大山里去领略山里美丽而富有变换的景色；领略山里吃不尽的野果美味；领略山里令人陶醉的鸟语花香了。当然，山里自然有猛兽袭来，有沟壑的存在，但无论怎样都让我们开阔了眼界。

在原始时期，人们的交易往往是在某一个固定的场所进行，但是随着文明的进步与发展，随着商业的不断兴起，城市就开始形成。越来越多的人为了换取生活所需，就会将自己多余的一些物品带到城市里头，无论是走街串巷还是摆摊叫卖，都在很大程度上促进了城市商业的发展。渐渐地市场越来越大，城市的经济活力越来越强，经过了几千年的发展与演变，也就有了我们今天的市场。今天的市场，发生了翻天覆地的变化，已经形成了一个较为完整的市场体系。越来越多的像那个长头发小伙子一样聪明的人开始发挥出自己的聪明才智，形成了商品服务市场、金融市场、劳务市场、技术市场、房地产市场、汽车市场等，这些市场相互作用，相互制约，共同繁荣了社会经济，让社会经济根深蒂固，枝繁叶茂。

今天我们的日常生活可以说是与市场密不可分，丝丝相连，一旦割裂，生活的齿轮将无法正常运转。当我们在网游的世界里飞檐走壁；当我们在现代化的洗浴中心里泡着舒适的热水澡，与三五好友神吹乱侃；当我们从路边的小商贩手里接过刚刚称好的水果；当我们在充满时尚气息的健身房里努力为自己练就一副健美的身材时，我们无时无刻不是在与市场发生着联系。没有它，我们的生活将多么乏味暗淡；没有它，我们将感到寸步难行；没有它，我们再也无法去憧憬着未来，甚至开始怀疑人生。

在长期的发展中，市场也形成了两个极为显著的特征，这两个特征就像是螳螂的两只鼓鼓的大眼睛，让人难以忽视。市场具有很大的平等性，在交易的过程中必须坚持价值规律与等价交换的原则。达官显贵与平头百姓在交易过程中都是平等无异的，你是某某公司的老总不可能空手就能买到物品。同样，你出身于贫民窟，依然要在买馒头时交出那几枚硬币。同时，市场也是残酷的，同样适用于达尔文"物竞天择，适者生存"的法则。在弱肉强食的市场环境中，谁能够抓住机遇，努力提升自己，谁就是威风凛凛的虎，健步如飞的豹以及耐力持久的狮。谁如果无法更好地适应这一法则,谁就像那些被猎杀的斑马、羚羊、小鹿等弱势群体,只能成为"杀手"的盘中餐。

市场形成的基础:专业化与劳动分工

众所周知,市场与我们的经济生活密不可分。没有市场,人们更好地运用生活将会受到很大的影响,甚至会寸步难行,无法运转。那么市场形成的基础又是什么呢?

李艳的故乡××镇是远近闻名的绿茶小镇,小镇盛产芳醇可口的绿茶。来到小镇,各种各样的茶厂琳琅满目,李艳的父亲就在其中的一家茶厂里工作。

成品的绿茶从鲜叶到干茶需要经过好几道工序,每一道工序都很复杂,因此必须由专业的茶艺师来炒茶叶。李艳的父亲在炒茶方面经验丰富,技术过硬,无论是揉捻、翻炒、烘干等各个环节都能做到不出纰漏,炒出的茶叶无论是色香味都堪称上品。

李艳父亲所在的这家茶厂是一家老字号茶厂,不光炒出的茶叶口感口碑极佳,而且该茶厂还拥有非常骄人的营销成绩,销售量位居全镇第一。该茶厂不仅拥有像李艳父亲这样优秀的技师,而且还拥有非常优秀的营销人员、财会人员、文案人员等,是一个分工极为细致的厂子,因此取得了理想的成绩。

一个市场的形成必须具备专业化与劳动分工这两方面,二者缺一不可，否则无法让这个市场健康完善地发展下去。

专业化是其中之一。任何一项工作如果缺乏专业人员、专业技能做支撑，那么就会导致这项工作的质量与效率很难保证。所谓专业就是指工作人员从事一种需要专门技术的职业，从而提供一种专门性的社会服务。例如，整容医生能够为那些爱美的女士塑造出天使般的容颜；武器专家能够为国家研制出强有力的武器保卫国家平安；葡萄酒酿制专家会努力配制出更为甘醇可口的葡萄酒让更多的美酒爱好者们可以大饱口福。案例中李艳的父亲作为一名资深的茶艺师，为茶厂、为社会贡献了优质可口的绿茶，让很多人能够一边品呷着绿茶一边会友、闲聊，好不惬意。

假如李艳的父亲没有过硬的炒茶技能，干茶的质量就无法保证，很难得到饮者的认可与赞誉，茶厂的效益也难以取得较好的成绩。因此，茶艺师的专业技能在一个茶厂的发展中，在茶叶的推广中起到了举足轻重的地位与作用。

细致的劳动分工也是市场形成的重要基础。每个人都是生产活动的重要组成部分，但并不是负责全部的环节，而是将生产划分成多个细致的专业化步骤，由每个人去负责完成。懂技术的负责技术，懂营销的负责营销，懂宣传的负责宣传，每位工作人员都做好各自的分工，从而确保生产活动能够高效完成。案例中那家茶厂如果没有出色的茶艺师，没有出色的营销人员，没有出色的宣传人员，那么这家茶厂将会惨淡经营下去，甚至会在激烈的市场竞争中面临倒闭的结局。

从广义而言，细致的劳动分工又让人们各自的产品互相成为商品，例如建筑行业若要发展下去，就需要细致的劳动分工来合作完成。不仅需要钢筋水泥供应商，还需要涂料供应商、门窗供应商、地板砖供应商、灯具供应商等，正是这些供应商们的通力合作，才能保证整个建筑行业持续稳定发展下去。

市场的形成一旦失去专业化与劳动分工做基础，就如同宏伟的建筑失去地基，必将坍塌下去。当劳动者能够做到做工日益专业化，劳动分工日益细致化，那么就会形成一个良好的市场，良好市场的形成对劳动者专业化生产与细致的劳动分工也有很大的推动作用。

市场功能：社会福利的发酵粉

市场是社会进步与文明的结晶，如果把市场比作一个婴儿的话，婴儿的胖瘦以及营养状况则在很大程度上反映出母亲奶水的丰足情况。如果市场较大的话，这个国家的经济活力也极为强大。纵观中国古代落后挨打的历史我们不难发现，只有将市场对外开放才能取得长远的发展，否则闭关锁国，盲目自大只能像清政府那样，任人宰割，遭人蹂躏。

清政府的门户终归还是开放了，但却是被西方的船舰利炮炸开的。这时的清政府方才从盲目自大这个深沉的白日梦中惊醒，原来闭关锁国最大的危害就是让自己远远落后于他国,西方已经用上了洋枪洋炮,而清政府依然在用大刀长矛。中国就像一只被烤熟的巨大的肥牛,被西方列强一块一块瓜分,民生凋敝,民不聊生。而西方列强早就开始与他国建立了贸易往来,不断壮大自己的实力。由此我们可以看出,自由市场和贸易才是经济繁荣发展的重要推动力,当一个国家不再对外开放自己的市场,这个国家即使资源丰富,地大物博,同样也会沦为经济海洋中的一座孤岛。

市场贸易可以增加国民的收入,当一个国家能够在市场贸易中发现商机,就会利用自己的资源优势,生产出他国所稀缺的商品。这样就可以用最小的资源成本来换回最大的利润收益,国民的收入水平就会得到相应的提升。清政府如果能够在当时早早打开门户,向世界各国销售自己的特色产品,如丝绸、瓷器等,将会重塑郑和下西洋时期的辉煌,国力也会大为提升,不至于落到割地赔款,主权分割的田地。

市场贸易可以增加社会的福利,提高人们的幸福指数。同样拿清政府为例,尽管清政府闭关锁国,但国内的贸易还会继续进行。百姓与百姓之间必须进行密切的贸易往来,否则生活将会陷入泥潭中。例如一位百姓想要吃包子,就要去包子铺买。而包子铺要想蒸出热气腾腾香喷喷的包子就要买菜割肉,当菜农这天心情不好,屠户又忙于他事不愿意搭理这位包子铺的老板,那么老板就会空手而归,最终无法卖给这位百姓包子。也许这位百姓转身后还会小声嘀咕两句"不卖包子也叫包子铺吗,真是的"。在这次失败的贸易链中,正因为少了市场这一环节,导致了整条链子断裂。所以,人与人之间的贸易往来是百姓们获得幸福,身心满足的一个重要保障,没有这样一种保障,我们可以试想一下大街上的人们个个几乎是义愤填膺的不满状。

市场原则:"指挥棒"下的四大交响乐团

如果把经济活动比作一次规模宏大、气势磅礴、撼动人心,振聋发聩的交响乐演出,那么,所有的交响乐演奏员都将听命于一根"指挥棒"。这根"指挥棒"看似细细短短,一折即断,然而它却蕴含着巨大的能量,可以指挥音乐中的千军万马,将那些狂乱奔窜的音符集结在一起,凝聚成一段段美妙的旋律,奔泻在金碧辉煌的演奏大厅。这根"指挥棒"就是市场,而"指挥棒"下的四大交响乐团就是市场原则。通常情况下,市场活动若要健康运行,就必须遵循这几大原则,否则人们将会在演奏大厅见证一场极为混乱、极为失败的交响乐演出。

在电影《大笑江湖》中有一个令人过目难忘的桥段,其中就涉及一些市场原则的问题:赵本山扮演了一个斗鸡眼的强盗、徒弟扮演了一个牙齿像兔八哥的强盗。两人杀气腾腾地走进了一家卖刀的店铺,店老板一看这两位的穿着打扮像不知从哪个地方逃荒来的乞丐，本来满脸的堆笑瞬间变作一脸的鄙夷。斗鸡眼强盗指了指墙角的那把刀："老板，那把刀多少钱？"老板明知他买不起，就撒谎："这把刀已经有人预订了。"于是这两位强盗就拿出了自己的看家本领，软的不行来硬的，一把拽过店老板的衣领，问："卖不卖。"店老板一开始还嘴硬坚决不卖，可是强盗们竟然一个劲往上加价："二十两，三十两，四十两，五十两。"最后店老板极为痛快地来了一句："成交。"影片大大发扬了喜剧片的喜剧效果，正当所有观众认为是强盗们以五十两的价格买了那把刀的时候，结果竟然是店铺老板拿出五十两给强盗。

我们暂且不去讨论该片的艺术效果，这一桥段囊括了市场交易中的所有原则，是一个极为典型的市场原则案例。那么，市场又有哪四大原则呢？

1. 诚实守信的原则

诚实守信是现代交易中一种最基本的精神，如果交易中消费者与销售者没有去遵守这一原则，不仅仅是市场交易的问题，更能从一个侧面印证了交易双方道德的败坏。就拿《大笑江湖》这一桥段而言，店铺老板欺骗这两位强盗那把刀已有人预订，这就违反了诚实守信的原则。商场如战场，兵者诡道也。商人们在生意场上的老谋深算在这一桥段中展示得淋漓尽致。店铺老板认为他们买不起就不想浪费口舌，直接拿这样一句话来搪塞，自然引起了强盗们的公愤。强盗们可是走南闯北，经风沐雨的人，难道看不穿店老板的阴谋诡计？难道甘愿受这股恶气？自然便有了后面的情节。

2. 平等的原则

在交易过程中双方要平等交易,平等竞争,不要以貌取人,以消费者的社会地位以及财富的多少来下菜单。从店老板的表情上就可以看出,他已经违反了平等的原则。他从一开始的满脸堆笑到后来的一脸鄙夷,仅仅是因为这两位强盗看起来像乞丐。如果这两位强盗能够换身衣服,把发型拾掇得整齐干净一些,也不会遭受到店老板的冷落。要怪就怪店老板不懂得"人不可貌相"的道理,在动乱的年头人们都懂得财富不外露的道理,今天还穿着锦衣华服,明天说不定就穷得只剩下粗布衣衫。当然强盗他们也有原因,如果他们早早懂得今天的"形象包装",那么也不至于遭人鄙视。不管怎样,交易中双方要遵循平等的原则,互相尊重。

3. 自愿的原则

双方在交易过程中要本着自愿的原则,不可强买强卖,最终要达成交易上的共识。在上述桥段中,店铺老板本来不愿意卖,但是在强盗的威逼利诱之下,不得不卖给了他们。强盗就违反了自愿的原则。也许强盗满腹情理,"谁让他瞧不起我们,谁让他是个奸商,谁让俺们是强盗",他的这一番情理正是为了验证"盗亦有道"这一道理。戏归戏,在我们现实生活的交易中,这种强买强卖是绝不允许发生的,一方硬气十足,那么另一方态度更为强硬,又如何达成共识呢!

4. 公平的原则

公平是市场交易的灵魂，任何缺斤少两，欺行霸市，坑蒙拐骗的行为都是违反原则的。强盗那一段加价买刀的情节，在令人捧腹大笑之余，也让我们认识到那种"强盗逻辑"正违反了市场交易中的公平原则。如果市场上多一些这样的"强盗"横行霸市，市场或许早就乱作一团，不堪入目了。

作为市场的四大基本原则，无论是消费者还是销售者都要严格遵守。当这"四大交响乐团"能够通力配合，互相合作的时候，就能为广大的听众们献上一曲优美的视听"盛宴"，让每一个在场的人无不为之感慨万千，热泪盈眶，拍案叫绝："棒棒的，这部交响乐真好听，真好听。"

道德风险：一副自私的皮囊

近日，在朋友圈里看到一位网友晒出的图片并配上了一段绝望中透着希望的文字。该网友晒出了一张欠条，欠条上写着 S 先生借他 5 万块钱，保证 5 个月之内就归还。结果时间过去了将近一年，S 先生只字不提还钱的事情。

该网友还晒出了一张聊天记录的图片，其中有一段对话让人忍俊不禁。网友问 S 先生："你该还钱了，都这么长时间了，好意思吗？"没想到这位厚颜无耻的 S 先生竟然这样回复："你好意思借给我，我就好意思不还，谁怕谁。"这借钱的也真够霸气，而债主却变得弱势起来，网友悲愤之余为这几张图片配上了这样一段文字："你没有能力还当初就别借钱啊。人活着都不容易，赶紧还给我吧，我请你吃饭还不行吗，你可别忘了，咱俩当年睡过上下铺啊。"网友最后依然对S先生还钱一事存有一丝希望，希望他良心发现早日还钱。

也许这位网友仅仅只是从人道的角度去评论S先生，但是如果将这种现象放在市场的角度来看的话，就牵扯到市场学中的"道德风险"。何为道德风险，通俗而言就是指从事经济活动的人在最大限度获取自身利益的同时做出了不利于他人的行动。正如上述案例中的情况，S先生拿着这一笔钱也许去投资做了一笔大买卖结果赔了个精光；也许他是个不懂得理财的人，把这笔钱用在了一些毫无意义的项目上，短短几日就挥霍一空，但是身心得到了极大的满足，仿佛自己是个成功人士；也许他用这笔钱投资发家了，但就是不想还那位网友的钱，正如聊天记录中所言"你好意思借给我，我就好意思不还"，他会说我就是这样的人，看你能拿我咋样，反正要钱没有。网友只好双手一摊，一脸惆怅，然后用一种近似哭喊的声音说道："我能怎么办，我也很无奈啊。"

在经济活动中，这种道德风险随处可见，且危害极大。通常情况下，会让银行出现不良贷款的记录，如同让银行长了一颗恶性肿瘤，不及时割除便危害无穷。当企业未按照合同及法律的规定行事，企业将会承担相应的法律责任。同时，由于法律及监管规定的变化，很可能会削弱银行的生存实力，银行真的是哑巴吃黄连，有苦自己咽。

作为经济活动中的一员，我们要借来一双慧眼，让自己把这道德风险看个明明白白，清清楚楚，真真切切。现在就让我们擦亮这双慧眼，穿过"雾里看花，水中望月"的禁地，正确认识一下道德风险的真实面目。

若要在繁杂的市场中一眼认出道德风险，就必须懂得道德风险的显著特征，正如当你记住一位漂亮的女生，不仅仅是因为她长得美，而且还因为她的眉毛像弯月，她的歌声暖又暖，她的小嘴真多情，所以我们才会"只是在人群中多看了你一眼，从此再没忘掉你容颜"，对于道德风险亦是如此。道德风险主要有以下三个显著的特征。

1. 道德风险具有潜在性

很多企业犯了一个很大的错误就是明明知道自己还不起钱，还是要借钱，这就导致了企业负债累累，气喘吁吁。人是复杂性的动物，人心又是善变的，人们往往会有一些他人意想不到的想法产生。正所谓"东边日出西边雨，道是无晴却有晴"。有些人就是利欲熏心，被利益所牵引，所以才会不管不顾，今朝有酒今朝醉，用这种"及时行乐"的态度来对待经济活动，风险就像一个隐形的小兽一直潜藏在经济活动里，令你猝不及防。

2. 道德风险具有长期性

人们观念的转变绝不是一朝一夕就能完成的，建立一个有效的信用体系可谓任重而道远。这需要一代人,几代人,甚至几十代人共同的努力才能做好这项巨大的信用工程,筑好这座巍峨的人心大厦。我们要将其看作是经济之路上的一次大长征,本着让良心爬雪山,过草地的原则,直到找到自己的根据地。

3. 道德风险具有较大的破坏性

当人的思想发生了败坏腐朽,就如同洪水猛兽一样,带来了巨大的破坏与杀伤力。如果那些企业良心复苏,就会与银行合作,努力将利益损失降到最低。但是,很多企业此时已经像残兵败将般纷纷逃命,一旦听到要还贷款,则瞬间做鸟兽散,可悲、可怜、可恨、可耻。银行就像一个被抛弃的盟军士兵,孤立无援,最后是耗损了大量的人力、物力、财力,等待奇迹的发生。当然,银行自身也存在着一些不足,在处理这些不良资产的时候,各种举措都带有很大的滞后性,各种预测机制,转移风险机制,控制机制等都没有形成一个统一的体系,这就导致了银行最后落得"事后诸葛亮"的艰难处境。

市场竞争:没有硝烟的市场交锋

它是一只成长期的斑马,从记事起就经历了无数次大大小小的"逃亡"。老虎、狮子在后面穷追不舍,它和族群们就拼命逃亡。每次逃亡之后,族群里就会有几只斑马丧命,那些凶残的家伙用尖利的牙齿撕裂同伴们的皮肉，鲜血淋漓的场景常常令它胆战心惊。

它发现一个规律，那些丧命的斑马几乎都是那些衰老的或年幼的斑马，它们跑不快容易被老虎狮子赶上，就只能落入那一只只血盆大口里去。为了避免悲剧发生在自己身上，它就开始增强体质，让自己跑得更快一些。当其他族群们还在悠闲地嚼着野草、饮着水的时候，它就在大草原上跑来跑去，尽管感到疲惫，但是为了活命只能不停地强制自己跑下去。

渐渐地它发现自己体格越来越健壮，跑得越来越快。族群里那些老弱病残几乎被老虎狮子们吃光，剩下的都是膘肥体壮的斑马，它们的族群已经成为一个越来越强大的族群，同类被吃掉的事情越来越少。

这种现象就是经济学中的自由竞争。所谓自由竞争就是指市场完全由价格来调整。市场竞争同样遵循大自然"优胜劣汰"的道理，当今市场竞争之所以如此激烈，究其原因是采用了自由竞争的方式，导致企业与企业之间出现了正面的PK与暗地的较量。企业为了在激烈的竞争环境里获得长寿，就必须努力提升核心竞争力，提高生产总利润。

采用自由竞争的方式具有重要的意义。就像上述案例中，如果把斑马比作是生产者，老虎、狮子则是消费者，斑马为了不轻易被老虎狮子们吃掉，就必须不停奔跑增强自身的体能，当遭受老虎狮子们追杀的时候，就可以与它们展开一场耐力与战斗力的

第二章 市场：经济学的中枢系统

较量。如果跑得快自然就会躲过这一劫，让老虎狮子们扑个空，最后只能愤怒地咆哮。企业亦是如此，如果在竞争中败下阵来，就应痛定思痛，努力寻求最优的经营方案，将人力、物力、财力等资源充分组合从而达到最大的效能。

一家生产雨伞的厂家在多年的竞争中一直处于劣势，老总通过市场调研与民意测验等方式终于明白了症结所在。原来雨伞质量不错，但是款式太过陈旧，在当今审美多样化的时代里自家的雨伞就成为市场里的"古董"，自然被消费者们渐渐忘记。为了提高自己的竞争力，不再处于被打压的状态，这家企业聘用了很多设计专家，设计出款式新颖、花样繁多、形状美观的雨伞，渐渐在雨具市场里杀出一条血路，以胜利者骄矜的姿态傲视群雄。

自由竞争是企业提升自身实力的催化剂，有利于市场的良性循环。当然，一枚硬币自有两面，市场还存在着一种不正当竞争，干扰了市场秩序。农夫为了消灭掉庄稼上的害虫就在田里放了一群青蛙，如果农夫的冤家这时放进来一群蛇只能让青蛙的数量锐减，害虫日益增多，影响收成，这就是所谓的垄断竞争。

当然，垄断竞争也并非都是那些吃掉青蛙，破坏生态平衡的蛇。有时候，当企业之间采用垄断竞争，会利大于弊。就拿可口可乐为例，可口可乐凭借卓越的品质渐渐在消费者心目中确立了权威地位，渐渐垄断了可乐市场。可口可乐要比其他可乐价格稍贵一些，但依然拥有无数的粉丝，建立了一个庞大的可乐帝国。对消费者而言也同样得到了收益，尽管他们付出了较高的成本，但是选择的空间变大，如果不喜欢百事可乐，他们可以选择可口可乐，获得自己满意的口感。当可口可乐发现自己不可估量的实力之后，就会继续创新生产技术，扩大商业疆土。

成本最小化：牵一发而动全身

小张在单位里负责采购，本来有多家选择机会，小张还是选择了东家。尽管东家价格稍贵一些，但是质量绝对是最好的。小张仔细算了一下，东家每个零件的价格是5元，如果每次购买1000个，总价格是5000元。西家零部件单价是4元，购买同样数量的零部件需要4000元。乍一看，买西家的零部件少花了1000元，但是西家的零部件还有隐性成本。倘若这些零部件因质量问题导致了生产机器出现故障，不光维修机器需要一笔费用，同时耽误生产还会造成巨大的经济损失，无形中增加了企业的生产成本。小张买东家的零部件是一个明智的选择，使用这些零部件，机器没有出现任何故障，切实保障了生产高效进行。

企业作为小小的个体带有绝对的自利性，任何一个企业理想的经营模式就是以最小的成本代价获得最大的利润。尽管实施这一模式带有很大的挑战性，但所有的企业都制定了最优的方案努力向这一理想迈进。如果把这一理想比作是一片山清水秀、芬芳馥郁的山谷，企业就仿佛是策马扬鞭的英雄，他们驾驭着千里马昼夜兼程，不辞辛劳，向着那一片人间天堂马不停蹄地赶着路。那么，英雄们又驾驭着哪几匹千里马呢？

1. 技术革新

科技是第一生产力，在企业的生产与经营中，技术与经济是相互影响相互制约的。一个技术落后不懂创新的企业自然面临惨遭淘汰的命运，当其他企业像兔子那样遥遥领先的时候，自己则像那只慢悠悠的乌龟被远远甩在了后面。企业必须重视起技术革新，加大资金投资力度，聘请专业人才提升技术的水平。当企业将先进的技术投入到生产当中去，首先可以节省人力成本。过去同样一份工作需要 5 个人完成，应用先进技术仅仅只需要两人就能完成。同时，先进的技术可以转化为先进的生产力，从而大大提升生产的效率，用同样的时间同样的人力可以生产出更多质量更优的产品。企业如要在激烈的竞争中立于不败之地，就要驾驭"技术革新"这匹好马飞驰向前。

2. 控制无效消耗

企业在生产中难免会产生一定的消耗，有些是有效的消耗，例如水电费、油费、员工的工资以及机器维修费用等。还有很大一部分是无效消耗，例如员工的失误造成的管理不善、机器的损折等，这些都为企业带来了一定的损失，加大了成本支出。在今后，企业要控制好无效消耗，力争将企业的生产成本降到最低。其中要把提升员工的积极性与技能水平作为重点内容，很多员工正是因为思想上不重视，技能上不达标才导致工作中出现失误，造成不必要的损失。企业要努力将员工们锻造成能工巧匠，成为推动企业高速运转的巨大齿轮。

3. 规范支出管理

企业生产有着一条完整的生产链，环环相扣，缺一不可。任何一个环节出现问题就有可能导致整个链条的断裂崩溃，只有保证每一个环节都完好无损，才能做好企业的成本管理工作。在企业的各项支出中，采购支出是一个重要的板块，即使一家小的饭馆采购也要老板亲力亲为，而不让厨子经手。采购部门采购之前就要做好相关的"作业"，要采购什么，到哪里采购，何时采购，以何种方式采购，采购完之后如何管理等，只有当企业做好战略部署，方能百战不殆。

企业在发展中要找到这样三匹千里马，穿过市场中密布的荆棘，穿过浓浓的硝烟，穿过滚滚的黄沙，驰骋在发展经营的广阔原野，向着那一片美丽的山谷扬鞭策马。

第三章

生产者：市场经济中饥饿的猎豹

生产者作为市场经济的逐利者会以最小的代价获取最大的利益。但是，生产者就真的那么幸运、事事顺利吗？答案自然是否定的，市场如同战场，险滩遍地，生产者如果不能够规避一些不必要的成本支出，就会降低利润所得，使自己举步维艰。

机会成本：鱼和熊掌，安可兼得

　　古代思想家、哲学家老子就曾经在他的名篇《鱼，我所欲也》中阐述了得与失的问题。"鱼，我所欲也；熊掌，亦我所欲也。二者不可得兼，舍鱼而取熊掌者也。"人们在生活中往往会面临选择的问题，如何进行取舍，是一种智慧，也是一种境界。多少人一味索取，结果到头来一无所获；多少人不懂索取，只知舍弃，结果依然是两手空空；而有的人懂得在取舍之间找到一个平衡点，最终得到了满意的结果。

　　张鹏是个十分出色的珠宝设计师，设计出的作品得到了消费者的高度认可，他找到了自己的存在价值。他不仅擅长珠宝设计，而且业余时间还画漫画，成为朱德庸那样的漫画家是他童年时的梦想。工作之余，他就拿起笔来，有时看似几条简单的线条勾勒，竟然能够诞生出一幅幅妙趣横生、幽默诙谐的作品，看完后令人捧腹大笑。

　　张鹏的漫画得到了越来越多人的喜爱，一家漫画公司向他抛出了橄榄枝，但必须是全职。他思索再三，如果全职画漫画就必

第三章　生产者：市场经济中饥饿的猎豹

须辞掉设计师的工作，两份工作自己都擅长，都能带来不错的收入。后来，他下定决心辞掉设计师的工作，专职画漫画，毕竟那是童年的梦想。

张鹏选择画漫画辞掉设计师的做法就是经济学中的机会成本。所谓机会成本就是指消费者在消费一件商品的时候放弃另一件产品。经济学是一门包容量极大的学科，该学科就像是一枚多棱镜，经常会折射出哲学的光芒。人们在进行取舍的时候，往往会选择能够给自己带来利益最大值的商品。一个高中毕业生在填报志愿的时候，如果分数达标，他定然会选择那所知名度较高的学校；一个在家庭煮饭的男人在准备晚饭的时候，如果家人更喜欢吃甜食，他会精心为家人做一份糖醋里脊，而放弃做麻辣香锅的念头；一家企业在招聘会计的时候，如果应聘者学历相当能力看齐，这家企业定然会选择有工作经验的会计，而舍弃那个应届毕业生。可以说，机会成本在我们的日常生活中无处不在。

对于一个商家而言，做好对库存的取舍也是一个重要的课题，直接关系到商家的经营状况。在市北有两家服装店，目标群都是年轻时尚的女性，然而两家店却采用了不同的经营方式。左边那一家经营者是个中年女性，她打了一次"库存战"，在自己的店里摆满了各式各样的衣服，乍一看眼花缭乱，可以给年轻女性们提供多样化的选择，由于店面较大，便雇用了一名售货员。右边的小店则不一样，店主是位90后的女孩，眼光长远，头脑精明，她没有在自己的小店里积压太多库存，而是营造出一种温馨浪漫的氛围，每款衣服只摆出一件样品。过了一年以后，左边的小店关门了，而右边的小店生意很红火，这位90后的女孩也已经成为一个较为成功的创业者。关门那天，左边店主经过右边小店门口时，内心五味杂陈，最后自语了一句："还是人家小闺女长得水灵招人喜欢哪。"

　　左边店主一直都将自己生意不好，归结为自己年龄太大没有吸引力的缘故，尽管也有一小部分原因，但最主要的原因是在双方对库存的处理上。左边店主认为库存多，就能够显得自己家大业大，并且能够给客户提供很多选择，在这么多选择里客户自然能从中选择一件。但是她忽视了一点，库存多在管理上也造成了一定的难度，只能再雇用一个人，额外增加了一笔费用，并且店里存货太多，给人一种压抑的感觉，不符合年轻女性的审美心理需求。试想一下这样的店铺看起来就像是个杂货铺或者像个衣服收购站，哪能引起年轻女性的喜爱与关注呢？而那位90后的小女孩就用较少的库存换来了较多的客户，她的做法不仅可以降低经营成本，同时还能够给客户们营造出一个美的空间，在这样的空间里即使客户不买衣服，跟这位年轻漂亮的90后小女孩聊聊天也是一种非常不错的体验。

　　当然，这并不是说店里没有一件库存就是最好的。通常情况下，当店里没有存货的话，很容易为店铺带来一定的"机会损失"。例如这位90后的小女孩将店里的某一款衣服全部卖光了，但是有两位女生进店想买却没有买到，这位店主就损失了卖两件衣服的利润。如果这位 90 后店主够精明的话，会在某款衣服还剩下一两件的时候就赶紧进货，不断补充新的货源，这样就可以不断盈利。

商场必然带有战场的残酷属性，谁胜谁负都是一个未知的命题。每一个消费者、经营者都要做好取舍，是自己的鱼肉，就要及时摒弃熊掌；熊掌对自己的口味，就要舍弃鱼肉。这才是最明智的选择。

逐利：生产者勤奋的催化剂

张炬在一家汽修厂做维修工人，每天辛辛苦苦工作，到月底发工资的时候所赚到的数目并不能令自己满意，为此张炬一直都怨声载道。尤其是当他知道老板一个月能够赚十几万块的时候，他更是感到一种巨大的落差。

强烈的心理失衡感，巨大的收益差距让张炬下定决心辞职，于是第二天他就递交了辞呈。他拿出一部分积蓄开了一个小小的汽修厂，一开始生意有些清淡，渐渐地张炬凭借着自己精湛的维修技能，赢得了越来越多客户的认可，生意越来越好。

张炬每天最开心的事情就是下班后关起门来数钱，他越数越开心，工作动力也随之越来越强烈。为此，他比以前更加勤奋，更加卖力，每天都比之前早去一个点晚下班一个点。媳妇总是心疼地问他："老公，你这么拼命不累吗？"张炬说："当然很累，但是谁也不是天生的勤奋，能多赚些钱为什么不多赚些钱呢？"

追求利益的最大化是每一位生产者进行生产活动的最终目的，没有利益的驱使，任何生产者都将丧失生产的积极性。生产者就是指能够做出统一生产决策的单个经济单位，可以是某个人也可以是某个单位。在上述案例中，张炬就是一个生产者。在此之前，他不过是个为生产者"卖命"的打工仔，是什么让他破釜沉舟，独立门户；是什么让他不计辛劳，拼命工作呢？自然是利益散发出的强大磁场，让他能够不顾一切，大干一场。

如果张炬是个较为精明的生产者，那么他还会继续扩大自己的生产规模，从而赚取更大的利润。他会雇用更多的维修工人，扩大汽修厂的店面规模，接揽更多的生意，赚取更多的利益。从经济学的角度来讲，若要实现利益最大化，就必须实现产量的边际收益与边际成本相等的原则。所谓边际收益就是指每增加一单位销售量所增加的收益，而边际成本就是指每增加一单位产量所增加的成本，当边际收益大于边际成本的时候，就意味着生产者已经开始盈利了。当张炬雇佣了一个工人的时候，他每月要支付工人工资 5000 元，而这位工人每月可以为他带来 2 万元的收益，那么就可以多盈利 15000 元。随着他的生意越来越好，张炬就可以再雇佣几个人，自己的利润又将不断增大。

当然，随着张炬利益的增大，他面临的压力也会不断增大。当一个行业的利润越来越高，这个行业的涌入者就会越来越多，渐渐地就会形成巨大的竞争圈，行业的利益就会被不断地"瓜分"，每个生产者的利润就会越来越少。随着人们生活水平的提高，私家车的数量已经越来越多，汽修行业也已经成为一个有着较大经济利润的行业。当人们发现该行业赚钱的时候，越来越多的人就会从事这一行业，案例中的张炬就是一个典型的例子。同样的道理，当时机成熟，张炬手下的工人也会独立门户，开一个汽修厂，与张炬形成竞争之势。

激烈的竞争并不意味着所有的汽修厂都要面临破产，很多的生产者会选择急流勇进，困难越多，压力越大，越会激发出他们解决困难的动力。他们会努力制定出更好的经营策略，联系更多的业务；他们会不断完善自己的管理体系，让员工可以更好地为单位服务，他们会一改往日坐享其成的工作作风，而是"动起来"，比往日更为勤奋，更为积极，更为智慧，为单位赢得一个光辉的未来而不懈奋斗着。

如果把生产经营比作是一辆长长的列车，那么利益最大化就是目的地，作为驾驶员的生产者，会努力掌控好自己的方向盘，勇往直前，一直抵达终点。

规模经济：让我找到那块"魔法石"

动物界举行了一次武林大会，动物们纷纷抓阄选择自己的比武对手。当大象和老鼠走到了擂台上时，台下一片哗然。所有参赛选手都认为不用比赛答案就能揭晓，定然是大象胜利，就大象那块头打个喷嚏就可以把老鼠吹跑。

　　大象极为庄严地走上舞台，向台下的观众抛了个飞吻，然后用极为轻蔑的语气对老鼠说："您觉得还需要开始吗，老鼠阁下。"老鼠非常淡定地说："当然，否则我就没必要参加比赛了。"大象长长的鼻子里"哼"了一声，险些把老鼠震倒。这时大象开腔："我让你 100 个回合，不，1000 个回合，免得其他动物说我欺负你。"老鼠摇摇小脑袋："不必，谁输谁赢还不一定呢。"大象哈哈大笑："好个自不量力的小东西，好，那我成全你。"大象用自己那长而有力的鼻子抽打小老鼠，小老鼠滴溜溜逃窜，那滑稽的动作惹得台下观众捧腹大笑。擂台上就这样上演了一场大象追老鼠的游戏。可是，追来追去大象竟然一直没有追到小老鼠，眨眼天就黑了，其他选手们纷纷散场，只留下大象和老鼠继续比赛。

　　第二天，大家惊呆了，大象的鼻子竟被小老鼠绑在了一棵千年大树上，无法动弹。大象那副落魄的表情，看了都令人揪心。小老鼠捋了捋自己翘起的胡须得意地说："切，知道老鼠大爷的厉害了吧。我趁你不备就在你的鼻子里倒进了辣椒粉，呛死你这个自大的家伙，再趁机将你的鼻子绑起来，哈哈。"所有动物都将小老鼠视为英雄。

　　从这个童话故事中我们可以看出，大象纵然为庞然大物，不一定就能取得最后的胜利。这一原理同样适用于经济学，一个厂家并不是生产规模越大,生产数量越多就能够降低生产成本,取得最大的经济利益,产生规模经济效用。所谓规模经济就是指随着生产能力的增大,单位成本下降,厂家的利益实现最大化。举一个非常简单的例子,出版社出版一本书费用包括支付作者的稿费、装帧设计、排版、校对、印刷、装订等各种费用,如果出版500册的话,加起来可能将近25000元。但是如果出版1000册,总费用可能不到30000元,这样算的话,每本书的单位成本就降低了很多。如果出版10000册,那么单册成本会更低,这是因为规模经济在其中发挥着重要的"魔法"。

如果把规模经济比作一块巨大的"魔法石",那么是什么原因能够让这块石头产生如此巨大的法力呢?

1. 先进生产技术的作用

有些先进的生产技术只有在企业具备了一定的规模才可以使用,当这一技术参与生产,必将会大大提高生产效率,原先一个月完成的任务,如今两个星期就可以完成。

2. 专业化分工的作用

有些小型文化公司一直处于半死不活的经营状态中,由于财力有限,雇不起太多的工作人员,一人多职时有发生,这就导致工作技能不专业的现象。而一些规模较大的文化公司在运作项目时,会形成一条完整的运行链条,环环相扣,确保分工专业化、精细化,大大提高资源及设备的利用率,最终提高生产效率以及项目的质量。

3. 生产要素的作用

当出版社在为一些较为热门较为畅销的图书做出版计划的时候，精明的出版主体还会充分挖掘出这本图书的一些其他商业因素做成文创产品或者衍生品。当出版社为一位明星出版了一本传记，发现这本传记里有一些图片有较强的吸引力，出版主体就可以与这位明星商谈为他出版一本写真集。

生产厂家生产要素的购买以及产品销售方面的作用也不容忽视。当出版社接到了20000册图书的出版业务，就会购进各种原材料，这些原材料厂家看到来了大主顾，自然会极尽讨好之能事，决不能把这等好事让给别人，于是就会在价格上做出让步。同时，一家有着较大生产规模的出版社，有着较好的营销团队，建立了蜘蛛网般的社会关系网，自然轻易就能打开销售渠道，可谓条条大路通市场。

多少生产商家一直都渴望拥有这样一块"魔法石"，让这块宝石发挥出最大的法力，为企业带来洪水猛兽般的发展能量。通常情况下，企业的生产规模越大，成本就会越低。当一个企业的生产规模与企业自身的规模都比较大时，就能够降低成本，带来较大的利润。很多小企业之所以像春天的积雪一样慢慢融化，最终从人间蒸发，究其原因就是因为规模太小，而一些大规模的企业就像滚雪球一样越滚越大，实现良性循环。就如同大象，一直被其他动物尊为"大力王"，如果比试力气的话，大象应该可以当武林盟主。但这并不意味着企业的规模越大越好，例如一些仅具备特定生产技术的企业。当企业生产达到一定的规模后，就会呈现出效益下降的趋势。就如同开篇案例中，再庞大的一头大象最终也会惨败在一只瘦骨嶙峋的小老鼠的阴谋诡计下。

在广袤茂密的经济雨林中，厂家们就像一位孜孜不倦的寻宝人，寻找规模经济这块"魔法石"。但是由于路途遥远艰险多，很多寻宝人寻到一半就中途而返，并告诉其他人宝物根本不存在，很多人轻信了就不再寻找。而另一些寻宝人抱持着玄奘取经般的信念，并发动家人参与到自己的寻宝队伍中，大家一起寻找，队伍越来越庞大，最终在一个宝蓝色的湖泊里，大家发现了这块"魔法石"。这就正面印证了厂家的生产规模越大，效益就可能越大。当然，发现了这块"魔法石"并不意味着大家就能拿到手，也许这湖泊周围潜伏着众多的生禽猛兽，最终张开血盆大口吞掉了这些寻宝人，这就是告诉人们并不是生产规模越大就越好。

沉没成本：一颗荔枝吃掉了整个大唐王朝

但凡熟知历史的人都知道，唐玄宗非常爱杨贵妃。也许是贵妃容貌过人，也许是贵妃天资聪慧，也许是贵妃能够博宠有术，让唐玄宗对她鬼迷心窍，几乎将全部心思都倾注在她一个人身上。贵妃喜欢吃荔枝，唐玄宗就下令开辟岭南到长安的贡道，于是便有了杜牧"一骑红尘妃子笑，无人知是荔枝来"的诗句；贵妃酷爱穿锦衣华服，玄宗就下令让所有的好裁缝为贵妃做各式各样的衣服，于是便有了李白"云想衣裳花想容，春风拂槛露华浓"的诗句。唐玄宗贪图淫乐，昏庸无度，无心理政，滥用奸臣，最终导致了安史之乱的爆发，让大唐的开元盛世从此一去不复返。

　　一个妃子颠覆了一个王朝，这无论是对唐玄宗还是对黎民百姓而言都是锥心之痛，我们不去对玄宗的昏庸骄奢，贵妃的红颜祸水做过多的评价，我们所痛挽的是一个盛世王朝埋葬在几千年的文明长河中，从此便有了后人们的千年一叹。在这里，盛唐的衰落就是经济学领域的沉没成本。所谓沉没成本就是指已经付出但是无法收回的成本。

　　在我们的日常生活中，沉没成本时有发生，随处可见。岳云鹏在自己的相声专场时曾开玩笑地说："我听说有人想退票，钱到我兜里，休想要回去。"这就充分体现出沉没成本最本质的特性，一旦付出了就难以收回去。当你花了半个月的工资兴致勃勃去看山羊皮乐队北京演唱会时，才发现这支享有盛名的摇滚乐队并没有传说中的那么神，但是已无法退票；当你好不容易追上了公交车并且终于在拥挤的人群中找到一块巴掌大的立足之地的时候，才发现坐错了线路，你只能白白浪费了一段旅程；当和你谈了七八年恋爱的女朋友终于因为你没有房子而提出分手的时候，你呼天抢地，七八年来付出的时间、精力、情感、所花费的每一分钱都将一去不回，可怜的你只好在深夜里独自吟唱："啊，给我一杯忘情水，换我一夜不流泪，所有真心真意，任它雨打风吹，付出的爱收不回。"

沉没成本是每个企业一块久难愈合的伤疤,在实际经营过程中每个企业在前进的道路上难免会"磕磕碰碰",在小腿上留下大大小小的疤痕。纵使这些企业买了最好的"药水"加以涂抹,旧的伤疤好了新的伤疤又会来到,企业在经营道路上唯有尽可能减小"磕磕碰碰"事件的发生,才能让自己走出一条自信的发展之路来。那么企业应该从哪些方面着手呢?

1. 尽量避免决策失误

很多企业之所以会出现很多的沉没成本,很大程度上是因为在决策上出现了偏差。决策者在决策的时候绝不能头脑发热,一个好的决策者要将经营当成一盘棋局,将企业的技术、财务、市场前景、营销渠道当作这盘棋局中的一枚重要的棋子,每走一步都要谨小慎微,避免一棋走错,满盘皆输。

例如一家生产老布鞋的厂家,原本认为生产过去那种薄底的鞋子会有很大的市场。但是,人们的审美观念以及穿鞋需求已发生了很大的变化,为此厂家的敏锐触角触摸到这一信息,就赶紧减少了薄底鞋子的生产数量,而是增加了厚底布鞋的生产数量,这种厚底的鞋子不仅穿起来舒适而且美观大方,赢得了广大用户的青睐。这家老布鞋厂家能够及时做出决策调整,规避了较大的市场风险,为企业赢得了更大的利益。

2. 通过合资与契约的方式尽可能减少沉没成本

有些企业之所以会造成沉没成本,很大程度上是因为合作方中断合作导致。双方合作过程中构成了一条无形的链条，无论哪一个环节出现问题，这条链条都难以正常运转，尤其对那些具有专用性特征的交易而言，如果交易中断，之前投入的人力、物力、财力将全部浪费。企业与企业之间加强合作，增强彼此间的信任就变得意义非凡。例如我们国家伟大的"一带一路"计划，就在努力共建一个利益共同体、命运共同体。中国已经陆续对"一带一路"相关的国家进行了直接投资，这些兄弟国家也愿意伸开双手敞开怀抱深情拥抱中国这位"大哥大"，双方情同手足，一起在经济繁荣，共谋发展的道路上携手并进，引吭高歌。

  企业在追求利益的道路上就像那个摘果子的人，需要翻越一座座高山，到另一座大山那里才能摘到甘甜喷香的果子。正是因为旅途中充满了艰难险阻这些所谓的沉没成本，才会令很多人望而却步，最终折返到最初那个贫瘠荒凉的小山沟里，用那些干瘪乏味的酸果子充饥果腹。很多企业用较高的沉没成本垒筑起较高的门槛，就如同那一座又一座难以翻越的高山，以及那些荆棘密布，路弯险滩的旅途，让很多人无法迈开启程的脚步。能源、房地产、交通等企业正是利用了这种"门槛效应"在市场中建立起自己的竞争优势，他们召集了更多的摘果子的人，组成一支浩浩荡荡的采摘大军，踏平坎坷，翻越高山，最终在一座美丽的"花果山"里摘到无穷尽的瓜果，成为市场经济中的赢家，尽显"美猴王"的风采。

第三章 生产者：市场经济中饥饿的猎豹

生产成本：一道看似很简单的算术题

铭宇回到家看见爸爸本来就铁黑色的脸越发黑了，就像家里那扇大铁门。只听爸爸一个劲儿怨声载道："这日子没法过了，刨去工人的工资，刨去水电费，刨去车油钱等，算算今年又是白折腾一场。你说这钱怎么就那么难赚啊，人家的钱怎么就赚得那么容易啊，唉！"

铭宇的爸爸为了生计就在村子里办了一家辣酱加工厂，年末爸爸算账的时候，数了数赚的钱，再减去各种费用，发现根本没有盈利，为此原本好脾气的爸爸才会发了这么大的脾气。懂事的铭宇跑过去安慰爸爸："爸爸别太难过，要赚钱很容易，我们数学老师都教我们了，盈利＝收入－成本，所以只要让收入大一些，成本小一些，就赚钱了。"爸爸听后为铭宇天真的计算既感到欣慰又感到无奈，他只是摸了摸铭宇的脑袋，笑了笑。

在这个小小的案例中，爸爸所说的工人的工资、水电费、车油钱等费用就是经济学中的生产成本。所谓生产成本就是生产单位为生产而支付的各种费用，任何一个生产单位在生产过程中都要支付各项费用，用来支撑生产这架大机器正常运转，这些费用就像是一个个零部件，少了一个都会导致整架机器瘫痪。当然天下没有免费的午餐，空手套白狼，无饵想钓鱼的事情不会发生，因此企业若要得到这些零部件，就需要从口袋里掏出票子数一数，再乖乖交出去。那么这些零部件有哪些呢？

1. 标准成本

标准成本主要由生产成本中的直接材料、直接人工以及制造费用三部分组成。在上述案例中，铭宇的爸爸若要加工辣椒酱，就要采购足够的辣椒，辣椒就是直接材料。好在铭宇的村子里家家户户都种着辣椒，爸爸就不用为采购这些原材料犯愁。想起爸爸刚开始做苹果罐头加工厂的时候，由于村子里没有苹果种植户，爸爸就只好开车去一些较远的村子里收购，有时大清早出门摸黑回家，却没有收购到足够的苹果，爸爸常常在夜里辗转难眠，唉声叹气。如今村子里有足够的辣椒，爸爸就再也不用为采购材料犯愁。

爸爸一个人忙不过来就从村子里雇了两位伯伯帮着加工，雇的这两位伯伯就是直接人工。铭宇记得爸爸的拖拉机坏了，请村子里的叔叔帮忙修理，尽管没有支付一定的费用，但是爸爸让妈妈炒了一桌香气扑鼻的饭菜。爸爸雇几位伯伯干活，不可能每天都炒一桌好饭菜款待，就必须给这两位伯伯工钱。好在雇的两位伯伯都是临时工性质，不用交保险，否则爸爸的压力更大。

爸爸用自家空闲的两间房子当作厂房，又购买生产机器，为了采购、售货他又借了几万块买了辆皮卡车，除了厂房不用交房租外，机器以及皮卡车每月都要消耗一定的费用，这就是制造费用。

2. 不变成本与可变成本

铭宇爸爸的辣椒酱生意并非总是那么不景气,有一段时间爸爸接到了 1 万瓶辣椒酱的生意,忙得焦头烂额,用一句比较流行的话说是"痛并快乐着"。那几天爸爸总是收购回来一大车辣椒,用一种高兴的语气抱怨:"这几天真忙,光采购辣椒就忙得不得了,嘿嘿。"这期间,生产机器出了点小故障,铭宇爸爸花钱请人来维修机器。这要在平时他定然会牢骚满腹:"挣不着几个钱还得花钱修机器。"可是,现在是业务繁忙时期,铭宇爸爸并不会在意花钱多少,他一心只想着赶紧修好机器开工。业务忙完时,爸爸算了算账,尽管这期间采购辣椒的费用、车油钱、柴油钱都有所增加,但是总收入也大有增加。那段时间,完工后爸爸总是哼着小曲回家。

在上述案例中,当生产量增大时,采购辣椒的费用、车油钱、柴油钱也相应地增加,这就是可变成本。所谓可变成本就是指在总成本中并不随产量的变化而变动的成本项目。而维修机器的费用就是指不可变成本,所谓不可变成本是指在总成本中并不随产量的变化而变动的成本项目,例如固定资产折旧维修费用、车间费用以及管理费用等。这些成本的存在都会无形之中让企业的收益做着减法,尽管铭宇爸爸在这段时期内赚到钱了,但是因为机器维修费以及采购辣椒的费用、车油钱、柴油钱的增加都会在一定程度上减小了总收入。

3. 平均成本

铭宇爸爸接到 1 万瓶辣椒酱生意的总成本是 5 万元,那么每瓶辣椒酱的成本则是 5 元,这 5 元就是平均成本。所谓平均成本就是指平均每单位产品所分摊的成本。平均成本就像是一条大大的"蛔虫",蚕食着企业的利益,让企业得不到更多的营养,进而影响着企业的健康发展。越来越多的企业开始吃"打虫药",力争将这些蛔虫赶尽杀绝。那么这些蛔虫又有哪些呢?

第一种是无论产量如何变动,平均成本不变。例如钢笔、橡皮、梳子等一些小型的产品,这些产品并非市场紧缺之物,因此即使产量增加也不会出现较大的成本浮动。第二种是随着生产数量的增加,平均成本在下降。例如钢铁、化工、交通行业,开始时需要大量的投资,但是随着产量增加,每单位产品的成本增加并不会太多。第三种是随着产量的增加,平均成本先下降然后上升。

如此看来,铭宇自认为那道看似简单的算术题并不简单,盈利 = 收入 − 成本这个计算公式一点没错,但是如何控制好"成本"这块短板就显得意义非凡。当铭宇长大以后,懂得了一些经济学方面的知识,他就会真切体会到赚钱有多么不易,就会懂得爸爸为了养家曾经遭受过多少身体上的劳累与心理上的折磨。那时,铭宇就会越发珍惜来之不易的生活,越发去爱自己的爸爸。

第三章　生产者：市场经济中饥饿的猎豹

稀缺产品：商家获利的不二法门

电视剧《少年包青天》里有一个桥段演的是包拯上京赶考，下榻鲤跃居旅店时，一个叫八斤的店小二神神秘秘地掏出今年的考试题。他大肆吹嘘为了获得这些试题自己费了多大的气力，还告诉考生们整个汴京城仅此一份。考生并没有识破八斤的雕虫小技，竟然花了大价钱买下这份试题。同时，八斤又从裤兜里掏出一本关于庞太师风流韵事的小说，说上面的内容句句属实，能够了解庞太师的私生活也算是赶考的一大收获，好奇心驱使这些考生们争相抢购。

后来，考试还未结束，大家都已经猜到状元非包拯莫属，很多考生便放弃最后一科考试，要买马回家。卖马的人这时候高抬物价，比原价翻了很多番，还理直气壮地说"不买拉倒"。汴京卖马的人很少，考生们怕耽误回家，就花高价买了马匹。

上述案例中无论是八斤还是卖马的人，他们都是因为拥有稀缺产品，才获取了较大的利润。生活中这样的现象随处可见，原本风和日丽的天气突然下起了大雨，行人顿时慌乱起来，这时候卖雨伞的小贩就会哄抬物价，15元的雨伞突然卖到30元，尽管行人怨声载道，但还是掏钱购买；房地产商会采用"捂盘惜售"的策略，刻意制造出房产短缺的紧张现象，让消费者争相抢购，在这种情况下永远都是商家获利。

经济学领域，产品稀缺性既有自然因素导致也有人为因素导致的。像旱天粮食减产，非洲水资源缺乏，韩国蔬菜缺乏等都是自然因素导致，在这种情况下这些产品的价格自然会较高。在北方买一个椰子会花到十几元，但是在海南只需要花很少的钱就能买到一个大大的椰子，正所谓"物以稀为贵"，当产品供不应求，商家就掌握了主动权，就可以颐指气使，而消费者也只能看商家的脸色行事。

但是很多情况下，很多稀缺产品是商家人为打造出来的。事实上很多产品供需平衡，但是商家会营造出一种供不应求的气氛，让消费者们上当受骗。这是商家的一种销售策略，他们为消费者挖好陷阱，让消费者一不小心掉进了陷阱，成为猎人的猎物。生产者、商家们会将消费者当成假想敌，想方设法战胜这些敌人，营造出一个"物品稀缺"的假想市场，让消费者们乱作一团。

小庆一直想买车，到了车展上参观之后决定买一辆丰田86，无论是颜色还是款式、性能都令他非常满意。看完价格后觉得有点贵，就说回去考虑考虑。其实小庆是想通过这种方式，让车商在价格上做出让步。后来车商告诉小庆这款车就剩一辆再不买就没有机会了，他半信半疑，想想那辆车就怦然心动，于是他一咬牙就刷卡付款。

后来小庆才知道让车商忽悠了，车商手头的这款车还有很多，另一个顾客比自己少花了一万多块就买下来。尽管小庆怒火中烧，但是已经付款了也只好自认倒霉。

这款产品的稀缺性就是人为因素导致的，商家营造出供不应求的假象，让小庆信以为真，中了奸计。俗话说商场如战场，如何应对战场上波诡云谲的风云变化，获取最大的利润就成为商家们首要考虑的问题。为了打赢这场战争，他们会采用各种各样的战略战术，而稀缺性就是商家们强有力的武器，他们握住这一武器在战场上纵横驰骋，从而夺取战争的胜利。

第四章

报酬:一个不容忽视的课题

提高劳动者报酬已经成为一个越来越值得研究的课题。很多人一直都存在着一个错误的认识,认为报酬越高幸福指数就越高,事实并非如此。越来越多的企业开始制定最低工资标准,推行监督政策以及激励政策等,这些政策在一定程度上刺激了商业的发展。

报酬：如何提高劳动者报酬

报酬对劳动者而言具有十分重要的意义，报酬的多少直接关系到劳动者的生活质量。对于大多数劳动者而言，他们都属于中下阶层，收入并不会太高，资金的短缺会导致他们承受较大的生活压力，尤其是人到中年，他们处于上有老下有小的夹心层，如果没有强有力的资金做后盾，将会感到步履维艰。因此如何提高劳动者的报酬就变得意义非凡。

劳动者报酬在国民收入中所占的比重很大程度上反映出国民的幸福指数，几乎只有经济学教材才认为劳动者报酬占国民收入的比重不变，但事实并非如此。在过去的30年里，几乎全世界的劳动者报酬占国民收入的比重都出现下降的趋势。如果把国民收入比作是一块巨大的奶酪，劳动者所分到的奶酪仅仅是很小的一块。

劳动者报酬所占国民收入份额的减少已经引起了多方的关注，无论是经济学家还是政府都意识到一旦这种份额持续缩小，那么一个国家经济不平等程度将会越来越大。在一个国家里，财富大多数由富裕家庭所掌握，而中下收入水平的家庭只能占据很小的一部分，尤其是当一个国家的国民经济整体增长缓慢的话，这就意味着劳动者的报酬所占的份额会越来越小。

那么，国家应该采取哪些措施来提高劳动者的报酬呢？

经济学家对这一问题得出了科学的结论，他们认为提高劳动者报酬最为正确的出路不是去惩罚企业，拿企业开刀，而是要努力帮助劳动者，让他们在劳动力市场中能够立于不败之地。我们不难发现，创新尤其是信息技术的创新带来了机遇的同时也带来了挑战。那些掌握了该项技术的劳动者，他们的工作效率就会大大提高，收入也会大为提升，而那些技能欠佳的人则在这样的竞争中处于劣势，只能拿很低的工资。例如电子商务的发展就给实体商务带来了很大的冲击，很多人由于掌握了电子商务的运作流程与规则，就可以规避实体商务的弊端，从而赚取更多的利益。淘宝店就是一个典型的案例，很多人在淘宝开店卖衣服，不仅扩大了营销范围，而且还节省了租金，一举两得，实体服装店就受到很大的冲击。长此以往，双方的实力差距就会越来越大，淘宝店主赚的钱会越来越多，而实体店甚至会面临关门的厄运。

因此，提高劳动者的工作技能就成为一个亟待解决的问题。劳动者要重新规划教育与培训，不断学习新的技能，提升自己的工作能力，让自己能够在激烈的劳动力市场竞争中立于不败之地。

同时政府也应该积极发挥出自己的宏观调控作用，不仅要优化产业结构，让更多的劳动者可以从那些夕阳产业中转移到新型产业里，避免中年下岗或者收入低下等。在新型产业里劳动者会有着较好的发展前景。政府也应该科学合理地推行再分配政策，保持一个正常的工资增长机制。很多劳动者都在反映工资的增长速度远远跟不上物价的增长速度，只有保持一个正常的工资增长机制，才不会出现高收入阶层的工资不断增长，低收入阶层的工资停滞不前两极分化的现象，渐渐地劳动者的收入差距就会不断变小，逐渐实现所谓的平等。

由此可见，若要提高劳动者的报酬不仅需要政府的宏观调控发挥作用，并且还需要劳动者们自身的努力，如此才能抵达高收入幸福的大洋彼岸。

报酬与幸福：报酬越高，幸福指数就越大

很多人都会将报酬与幸福指数联系在一起，认为报酬越高幸福指数就越大。在18、19世纪，判断一个人富贵与否只要看他的劳动时间就能够得出结论。穷人整天含辛茹苦地劳作也无法得到很高的报酬，他们几乎没有所谓的闲暇时间。但是对于富裕家庭而言，由于他们拥有雄厚的资金实力，无须付出太多的劳动就能获得很高的收入，他们拥有大量的休闲时间去做自己想做的事情，幸福指数就会较大。

在现代经济社会，劳动者的工作时间总数相应地减少了，这

第四章　报酬：一个不容忽视的课题

时候富人的工作时间则要超过穷人的工作时间。很多拥有高学历高技能的劳动者，能够为社会创造出更多的效益，因此也就会得到更多的收入。对于他们而言，时间就意味着金钱。如果他们将时间用来休闲度假，这就意味着会牺牲掉很多的金钱，任何人都不会与金钱作对，因此他们宁可牺牲休闲时间也不愿意与金钱擦肩而过。而那些低学历没有较高技能的劳动者，不会创造出太多的效益，因此就不会得到太高的报酬。他们在单位时间内创造的价值也不会太多，即使让他们牺牲一部分时间来休息，也不会觉得有多大的损失。长此以往，富人每天的工作时间要比穷人多出一部分，高收入阶层已经不属于休闲阶层，他们会花费更多的时间用在工作赚钱上，幸福指数也就不会太高。

这种现象可以用经济学中的"替代效应"来解释，所谓替代效应就是指实际收入不变的情况下某种商品价格变化对其需求量的影响。随着工资的上涨幅度不断加大，休闲的成本也会随之增加。劳动者会在休闲与收入之间做出一个权衡最终加以选择，当那些高收入阶层的劳动者发现休闲会损失掉很大的利益的时候，他们就会放弃休闲，增加自己的工作时间。而穷人由于工资一直处于下降或者停滞状态，他们就会觉得增加工作时间没有太大的意义，因此自然会减少工作时间，当富人们还在为了赚取更多利益而拼命加班的时候，穷人们就可以休闲度假，相比较而言，他们的幸福指数会更高一些。

在经济学领域，当一种经济现象持续到一定阶段的时候就会出现下滑,这就是所谓的边际效应。当替代效应持续到一定阶段的时候,必将会被收入效应所代替。所谓收入效应就是指在货币收入不变的情况下,某种商品价格变化对其需求量的影响。当经济高度发达的时候,劳动者就有更大的能力去满足自己的物质需求,高额的加班费对他们而言吸引力会相对减小一些。一些非常富裕的阶层,有能力去买游轮专机,就不会有任何加班的动力,他们宁肯躺在沙滩上享受美妙的阳光浴,也不愿意去绞尽脑汁研究一个新的课题。

同时,富裕阶层去休闲度假并不意味着仅仅是吃喝玩乐,虚度时光,他们可能会从事一些具有较大探索性、创造性的工作,例如摄影、写作、公益事业等。在发达经济体中,那些单调乏味、简单机械式的工作对劳动者的吸引力越来越小,而那些充满挑战性充满探索性的工作对劳动者的吸引力越来越大。富人们无须再在休闲中找到乐趣,而在这些工作中同样可以找到更大的乐趣。休闲已经不仅仅代表着社会力量的强大,而是意味着失业与无效劳动。很多富人他们会认为从事这些工作不仅可以充分利用其时间,而且还可以在工作中得到放松,一举两得。

而对很多低收入阶层来说,休闲是一种无奈之举。他们之所以会选择休闲,很大程度上是因为实在无事可做,如果去做那些价值低的工作,他们觉得没有必要,而去从事那些具有探索性的工作,他们又没有工作能力,因此只好选择休闲度日,这意味着他们在激烈的劳动力市场竞争中已经处于劣势地位,很有可能面临失业的危机，那么又谈何幸福。

综上所述，可以看出劳动者报酬与幸福指数并不一定成正比，在不同的经济体内，会有不同的关系。

最低工资适中：利大于弊

最低工资法由来已久，从1894年新西兰制定了最低工资标准以后，至今已经有100多年的历史。目前越来越多的国家都制定了最低工资标准，通过大量实践证明，最低工资标准总体而言利大于弊。

很多经济学家并不支持最低工资，他们认为长期推行最低工资会导致失业率加大。其具体依据是当一个企业制定出较高的最低工资时，企业的经营成本就会相应地增加。为了保持经营成本维持在一个较为合理的范围内，企业就必须精兵简政，裁减掉那些低学历低技能的劳动者。

然而另一部分经济学家他们则认为制定最低工资标准不仅可以促进就业，而且还可以提高劳动者的报酬。如果一个企业制定的最低工资较低，一部分劳动者难以接受，认为这么低的工资根本无法承担较为沉重的生活压力，因此他们就会设法改变现状，努力提升自己的专业技能，从而提高自己的身价，获得更高的劳动报酬。同理，当一个企业制定的最低工资标准较高的时候，那些拥有较高工作技能的劳动者就会获得较高的劳动收入，而那些仅仅拥有较低工作技能的劳动者只能得到较低的收入，当他们收入差距变大的时候，那些低技能的劳动者就会意识到若要缩小两者之间的收入差距就必须提高自己的劳动技能，他们就会不断为自己充电，以使自己掌握更多的工作技能，拓宽自己的就业之路，同时可以提高自己的收入。

目前这两派经济学家就最低工资标准对就业产生的影响展开了较为激烈的讨论，双方产生了较大的意见分歧。但是随着研究的不断深入，双方就制定最低工资标准利大于弊这一点越来越趋于一致。阿林德拉吉特·杜伯和迈克尔·赖希对周边县城的餐馆就业情况进行分析，通过搜集大量的案例数据进行分析，发现最低工资标准的制定对就业不会产生任何负面影响，并不是说这些地区的餐馆制定了较低的工资标准，那么人们就不去这里工作了。即使不同地区餐馆的就业状况不同，也是因为不同地区在文化以及思想观念上的差异所造成的。

有些经济学家对这一结论存在着异议，始终认为制定最低工资标准会减少就业。为此他们为了证实自己的观点就开始搜集了大量的数据，最终他们在某篇论文中指出，提高最低工资标准和劳动所得税抵免，可以促进单身母亲的就业问题。当最低工资标准提高、劳动所得税抵免的时候，这些单身母亲就会意识到这时候参加就业能够为自己带来切身的利益，为此她们就会积极参加就业，解决了美国经济压力大的问题。

对英国而言，最低工资标准最大的影响就是缓解了收入不平等的现状。英国提高了一部分底层工人的工资，这部分工人的报酬与高收入阶层相比差距在缩小，很多底层工人们能开始更为坚定地拥护执政党，对政府的满意度越来越高。

制定最低工资标准对劳动者而言的确是利大于弊，那么对企业而言呢？

当一个企业提高了最低工资标准，企业的经营成本无疑就会增加，这些企业就必须通过压减其他开支用来支持最低工资的提高。如果一个企业并没有太大的承受能力，而政府则强制性要求企业提高最低工资标准，那么对企业而言这将是一种极大的压力，让原本效益就不太理想的企业雪上加霜。因此如要提高最低工资标准，政府必须保证工资的调整标准是有规律的小幅变化，从而让更多的企业可以接受。

监督：发挥出应有的激励作用

小张是一家轮胎厂的车间工人，工作期间，他兢兢业业，埋头苦干。小孙与小张同为车间工人，工作中小孙并没有像小张那样勤奋，但是由于自己的业务技能比较高，生产出的轮胎又多又好，而小张的技能比小孙还差一段距离。领导一致认为之所以造成这种现象是因为小孙工作中特别卖力，特别勤奋，而小张则懒散拖沓，因此业绩不好。这让小张倍感委屈，自己业绩不好并不是因为不勤奋，不积极，由于领导没有经常在车间了解情况难免会造成判断上的失误。小张心里不平衡，渐渐地落差越来越大，对单位越来越不满，工作开始懒惰消极起来。

  上述案例中信息的不对称，让管理者难以区分出哪些员工尽管业绩不太好但是积极勤奋，哪些员工尽管业绩较好但是平日工作中偷奸耍滑，这就会为单位制定奖励吃苦耐劳，惩罚偷奸耍滑的行为造成一定的判断失误，不仅不利于员工利益的获得，同时也不利于单位的长远发展。

  那么，企业应该采取怎样的措施来预防这一现象的发生呢？企业加大惩罚力度，杀一儆百，有着非常现实的意义，主要是能够让更多的员工望而生畏，努力提高工作的积极性。如要提高管理者们判断的准确性，企业就必须掌握员工们准确的信息，对员工们进行监督不失为一种良策。通过这种方式可以让管理者们对员工的工作情况有一个正确的了解，做出正确的判断，奖励优秀者，惩罚自甘落后者。

  当然监督制度并非完美无缺，同样存在着一些弊端。首先物质与精神的奖励很有可能会将员工们的内在动机扼杀在摇篮之中，很多员工之所以工作并非仅仅是为了名利，有些是将工作当成自己的一项任务和使命，当他们出色完成自己的工作时，会认为是在实现自身的价值。如果企业对员工实行一定的奖励，在奖励的驱使下，他们就会卖力工作。但是当这一奖励取消的时候，很多

第四章　报酬：一个不容忽视的课题

员工就会丧失工作的积极性，他们也许不再积极主动工作，而是选择偷懒。

同时，密切监督工人还会带来一定的财政负担，企业为了推行这一制度必须拿出一定数量的钱财来支撑，这就为企业造成一定的经济负担，尤其是当企业资金周转不顺畅时，这无疑更是雪上加霜。除此之外，还会带来一些其他的问题。例如当企业需要生产出一批质量要求很高的产品，员工们就会将精力倾注在产品的质量上，忽视了产品的数量，导致生产效率大大降低，因此监督制度并不适用于任何企业的发展。

监督制度利弊共存，怎样做才能最合时宜呢？经济学家做了一个实验，本次实验共分为两个小组，两个小组共同来数纽扣，组员们要将不同的纽扣找出来分类。甲组管理监督较为松懈，即使分错了类也不会扣分，而乙组监督则较为严格，分错了一个就会扣一分。过了一段时间后发现，监督较为松懈的小组错误率很高，因为没有奖罚措施，所以他们在工作中就会消极懈怠。而乙组则不然，他们因为奖罚力度较大，会尽最大的能力将错误率降到最低。所以，若要取得良好的效果就必须密切监督。唯有密切监督，员工们在这种无形的压力下才会激发出工作的动力。如果企业只是来一次不痛不痒的监督，效果很难明显，只会激发出员工们的反抗情绪。有时候，让员工按自己的步伐生产或许会取得意想不到的效果。因此，要么密切监督要么不监督，都是一种良好的策略。

报酬与股份：让员工成为企业的主宰者

随着社会经济的发展，越来越多的国家开始意识到如果雇主与工人之间仅仅只是资本家与劳动者之间的关系，那么劳动者的积极性难以提升，他们会偷奸耍滑，工作中拖拖拉拉，从长远来看也不利于一个企业的发展。已经有很多国家开始让员工参与企业的分利，最典型的一个国家就是美国。早在独立战争结束以后，美国的建国者林肯先生就考虑共享奖励与共享资本所有权，并且鼓励联邦政府推行这一政策。联邦政府不仅将土地无偿分给了那些耕种的人们，而且也支持员工参与企业的利润分成，一系列政策让劳动者的利益得到了相应的保障，不仅刺激了工商业的发展，同时也有利于政局的稳定。

据统计，在美国参与分成的劳动者数量越来越多，但有一点不容忽视的是这些员工所分享的利润比重却很小。经济学家经过多次反复计算得出，每位员工持有的股份为1万美元。不得不承认的是，这些年劳动者所占有的比重在不断扩大，但是与那些高收入阶层的员工相比差距却在不断扩大，财富集中现象越来越明显。为了扭转这一局面，美国政府出台了更多的激励措施来让员工分享公司的所有权。

其中员工持股就是一个非常有效的措施。这方面英国就是一个典型的案例，英国的很多企业会出台很多政策来支持员工持股，并且给予一定资金的税收优惠政策，在这些政策的支持下，员工能够分到十分之一的股份。通过这些措施能够让一直受到压榨的劳动者们的权益得到相应的保障。但是，政府的这些激励措施就真的能够产生正面的效应吗？

首先，这些措施不一定能够保证企业成功。通过一些激励措施的推行的确能够提高员工们工作的积极性，提高生产效率，但是若要真正提高企业的效益，就必须保证在推行这些政策的时候，企业能够占据主动权、话语权。如果企业推行这些政策要付出巨大的经济成本的话，那么企业的利益在一定程度上会受到影响。同时，员工占有较大份额的股权不一定能够获得较大的收益。很多企业尽管让员工们持股，但却是建立在减少员工工资的基础上。这种做法对员工而言带有一定的风险，一旦当企业的效益开始下滑，那么员工不仅难以从企业效益中得到更多的报酬，并且还损失了一部分工资收入。

任何政策的推行都有两面性，不仅能够让劳动者获得一定的利益，同时也会带来一定的风险。总而言之，让员工成为企业主宰者总比让员工成为局外人，更有利于企业的发展。

失业：多少人正在被这一魔头困扰

老兰在50岁这一人生时段遭遇了最苦恼的一件事，那就是中年下岗。他原先一直在一家报社送报纸，由于近些年报社受自媒体的影响，效益一直不景气。报社裁员，老兰首当其冲，加入了下岗的队伍里。

后来老兰又应聘过超市理货员、工厂车间工人、保安、保洁员等工作，因为各种各样的原因双方都没有达成一致。生活所迫之下，老兰又重新起航，与那些年轻人一起到海运学校培训水手证，用老师的话说，老兰是学校里最年长的学生。

经过半年的培训，老兰终于拿到水手证，应聘船员的时候，很多大型的货船都嫌老兰年纪较大，不愿意录用。无奈之际，老兰经人介绍在外地码头一家公司的小型轮渡上做了一名水手，每天带带缆绳，收拾收拾卫生，为了省下房租钱，他就以船为家，天天住在船员宿舍里。

失业一直都是一个敏感的词汇，挑动着劳动者的神经。一旦失业，就意味着劳动者失去了经济来源，生活将难以得到保障。那么何谓失业呢？所谓失业就是指那些有劳动能力和劳动意愿但是找不到工作的人，丧失劳动能力的残疾人和不愿意参加工作的人不在失业的范畴里。

目前，很多国家的失业率一直居高不下，劳动者长期找不到工作，没有经济来源，消费能力自然降低，这就不利于刺激国家经济的发展。像非洲、东南亚一些国家，以及一些战乱频发的国家里，很多劳动者连最基本的生存问题都难以解决，这就愈发加剧了国家的混乱，进一步阻碍了经济的发展。

所谓失业率就是指失业的人口所占劳动者总数的比重，是反映一个地区整体经济情况的指标。一般而言，失业率下降，那么代表这个地区整体经济发展状况良好，有利于货币升值。如果失业率上升，那么则意味着这个地区经济发展较为缓慢迟滞，甚至出现衰退的现象，不利于货币的升值，在一定程度上影响着经济的发展。

导致失业的因素有很多很多，但是有一点不能否认的是，失业是一种必然的现象，这是社会经济活动不断变动的结果，于是也就有了自然失业率这一概念。所谓自然失业率就是指在不受货币因素影响下，劳动力市场与商品市场两者处于一种较为均衡状态下的失业率。只要自然失业率的波动控制在一定的范围之内，那么就不会对国家的经济造成太大的损害。

无论失业率是大是小，只要失业存在就会对国家的经济以及劳动者的生活产生一定的影响，为了将这种影响的程度降到最低，国家就必须采取相应的措施来切实降低失业率，保障国家以及劳动者的利益。

1. 要开展人力培训计划

在失业队伍中，很多劳动者的失业属于结构性失业，由于经济结构的调整，很多劳动者的工作能力无法适应新岗位的需求，必将遭受淘汰的厄运。例如，在过去很多办公室里都需要一名打字员，但是随着电脑的普及，越来越多的办公室工作人员已经能够胜任常规的打字工作，因此打字员这一职业已经不具备竞争力。

即使用人单位需要打字员，也会对打字员的工作能力有很高的要求，通常情况下，用人单位需要的是速录员，而普通的打字员不具备速录的技能。因此，国家要开展相应的人力培训计划，对于那些下岗的职工给予一定的技能培训与职业规划指导，让他们在今后的就业之路上少走弯路，多走平坦之路。

2. 国家要完善失业保障制度

我国在失业保障制度的建立与完善方面做得比较到位，先后出台了《国营企业职工待业保险暂行规定》《国有企业职工待业保险规定》和《失业保险条例》等相关的法规条文。特别是1999年颁布的《失业保险条例》，在完善失业保险制度、强化失业保险的保障功能、强调失业保险权利与义务的对应、体现失业保险的性质、保障职工合法权益方面做了详细的规定。确立了保障失业人员的基本生活和促进再就业的基本宗旨。将失业保险的实施范围扩大到城镇各类企事业单位及其职工。

当然，不同国家应对失业保障的方式有所不同，有些国家的劳动者失业后，最长可以得到国家26周的失业津贴，最短可以得到13周的失业津贴，金额为劳动者正常工资收入的一半。

3. 劳动者要自力更生

国家的救助与帮扶的确能给劳动者的再就业带来一定的帮助，但是最主要的还是要劳动者能够树立起自力更生的信念，发扬自己艰苦奋斗的精神，勇敢面对就业之路上的挫折。就像文章开头中的老兰，尽管没有什么社会力量帮助他，他依然能够自立自强，到海运学院里去培训水手证,从最基层的带缆,收拾卫生做起,尽管也有一定的困难,但是他发扬老一辈的吃苦耐劳精神,解决了就业问题。

在劳动者的就业市场中一直有一个大大的"魔头",它经常发出魔力来,困扰着劳动者,让他们走上下岗的窄路。但是这不意味着劳动者们就只能坐以待毙,他们可以借助国家的力量,凭借自己的能力去战胜它,将它驱赶殆尽。

第五章

国家经济与一体化：国际贸易之间的复杂关系

经济一体化让世界各国联系在一起，很多国家在国际贸易中获利。但是经济一体化是一把双刃剑，贸易过程中自然还会遇到很多绊脚石，因此采取行之有效的措施加以应对就显得尤为必要。一个国家必须不断壮大自己的经济实力，才能为人们的幸福生活提供强有力的保障，让每一个追梦人早日实现自己的梦想。

国民收入：国家的腰包要"丰满"起来

乐乐总是爱听爷爷讲过去的故事，那时候家里太穷，兄弟姐妹又多，吃饭都成问题，全家就一床被子。爷爷常常挂在嘴边的一个人就是乐乐从来没有见过的大伯，那时候爷爷有七八个孩子，这位大伯是家里的老大，由于家里粮食太少，大伯就把食物让给弟弟妹妹，由于长期营养不良，大伯未及成年就死了。每每讲到这里，爷爷的眼角就挂着晶莹的泪珠。爷爷用手背抹了抹眼角的泪珠，语重心长地对乐乐说："乐乐你要珍惜今天这来之不易的幸福生活啊，你看今天咱们中国发展得多好，再也不会有人吃不饱穿不暖了，家家户户都要奔小康了。"说完后爷爷又叹息着说，"要是你大伯能活到现在该多好。"

爷爷可谓是祖国发展的见证人，新中国经历了发展中最困难的时期。改革开放以后，中国经济取得了翻天覆地的变化，人们已经摆脱了贫穷落后的面貌。房子大了电话小了，感觉越来越好；假期多了收入高了，工作越来越好；商品精了价格活了，心情越来越好，人们的日子越来越好。世界上再也没有哪一个国家敢打

第五章 国家经济与一体化：国际贸易之间的复杂关系

出"华人与狗不得入内"的招牌，如今世界各地都留下了中国人到此一游的足迹；世界上再也没有哪个国家敢称中国人为"东亚病夫"，中国正在以巨人的形象屹立于世界民族之林，凛然难犯；诺贝尔文学奖、生理学或医学奖的获得，"嫦娥"月背成功登陆，都标志着中国日益繁荣富强。

通常情况下，是用国民收入来衡量一个国家的强大与否，即GDP。GDP越大，标志着这个国家国民生产总值越大，老百姓的腰包越鼓，腰杆挺得越直。在过去，中国之所以遭受列强的凌辱，正是因为国力太弱。那时，中国就像一个营养不良，体质虚弱的"小瘦子"，而列强则像是一个个膘肥体壮，脑满肠肥的"大块头"，在国际大擂台上中国这个"小瘦子"自然不是列强这个"大块头"的对手，轻易就被打趴下。如今，中国正在练就发达的肌腱，持久的耐力，强大的战斗力，让其他国家不得不重视中国的实力。

随着GDP的增长，老百姓的幸福指数与日俱增，每一个中国人都是发展路上的"追梦人"。正因为看到了国家的强大，老百姓才觉得这么活下去有奔头、有盼头，这日子过得会越来越红火。天冷了，天热了，咱不遭那洋罪了，买空调，谁家也不差那几千块钱；人家城里人在外面游山玩水，咱乡下人也不能落下，谁说光脚丫子种地的主就不能出国开开眼界，见见世面；2019年要实现一个什么小目标，于是一家人齐心协力一起向那个目标一点点靠近。在这样的氛围里，每个人都会激发出浑身的能量，让自己

"动起来"，为新的一天去喝彩，每一秒都期待。

那么，有哪些方法可以核算出 GDP 的增长呢？

1. 生产法

所谓生产法就是从生产的角度来计算国民生产总值。其实这是一道小学算术题，如果你是一位学生，老师为你出了一道算术题：一家罐头厂 2018 年总产出为 10 万元，在生产过程中总共消耗的各类费用是 3 万元，那么这家罐头厂这一年产值是多少。已经在数学战场上身经百战的你，就会拿起笔在练习本上"唰唰"几笔列出了公式。罐头厂的产值就等于总产出 10 万元减去总费用 3 万元，2018 年这家罐头厂的产值就是 7 万元。

换作 GDP 的算法也是一样，一个国家的生产是由各个生产部门的生产构成，如果把各个部门的总产出计算出来，再减去各个部门的总支出，就是所有的增加值，即 GDP。当一个国家各个生产部门都呈现出一股蒸蒸日上的势头，这个国家的生产总值必然会提高。

2. 收入法

所谓收入法是指从生产过程中各生产要素创造收入的角度来计算 GDP。即将各生产部门劳动者的报酬、固定资产折旧、生产税净额以及营业盈余四部分加起来，算得的总数就是 GDP。例如一家渔具厂 2018 年共支付工人工资 100 万元，生产过程中一些生产机器老化换新等费用花了 40 万元，生产税净额 20 万元，营业盈余为 80 万元，那么这家渔具厂 2018 年的 GDP 为 240 万元。

对于一个国家的 GDP 而言，亦是如此。将各个生产部门的劳动者的报酬、固定资产折旧、生产税净额以及营业盈余四部分加起来就是这个国家的 GDP。

3. 支出法

在整体的经济中，总收入必须等于总支出。例如一位餐厅服务员工作一个月，酒店必须支出这位服务员 2500 元的工资，这就意味着这位服务员也将收入 2500 元。如果酒店实际支出的费用小于 2500 元，那么这位服务员的利益就受到了一定的损失。

不管是从酒店支出的角度还是从服务员收入的角度而言，GDP 就是 2500 元，因此从支出的角度同样可以核算国家的 GDP。如果将货物与服务的最终消费、资本形成总额、净出口总额加起来就是 GDP。

国家的经济指标：GDP 与 GNP 的区别

通常情况下，衡量一个国家和地区经济发展综合水平有 GDP 与 GNP 两个指标，但是世界上没有两片相同的叶子，GDP 与 GNP 之间还是存在着一定的区别。就像一对双胞胎，尽管长相极为相似，但是仔细观察会发现两人还是有着细微的不同。两位鼻子上都有一颗痣子，但是有一位鼻子上的痣子偏右。当你是个漂亮的女生正和其中一位谈恋爱，就可以通过痣子的位置辨认出哪位是你男朋友，而不致牵错了手。

那么 GDP 与 GNP 鼻子上那颗"痣子"又有什么样的差别呢？

GDP 与 GNP 之间的差别主要体现在统计标准上。GDP 是以领土为统计标准，是指只要在本国领土生产的最终产品的市场价值总和就是 GDP。即使是外国的劳动力和生产要素，只要在本国领土生产的产品和劳务价值都纳入本国 GDP，同时走出本国境内的本国劳动力及生产要素将不再纳入到本国 GDP 当中。

例如，丰田汽车公司在中国投资建设了一个加工厂，在 2018 年该公司所获得的收入都要纳入到中国的 GDP 当中，尽管是日本的企业，但是在中国的地盘上投资办厂就要算到中国的国内生产总值中去。当然，如果中国的一家服装公司在非洲一些小国家投资办厂，这家服装厂在 2018 年的收入就不再纳入到中国的国内生产总值中。

而 GNP 则是以人口为统计标准，无论劳动力及生产要素处于国内还是国外，只要是本国公民生产的产品与劳务价值都纳入到 GNP 当中。所谓的劳动力是指居住在本国领土的本国公民、暂住国外的本国公民以及常年居住在本国的外国公民。例如李先生在中国开了一家纺织厂，他雇用了大量的本国工人，同时由于缺乏一些高技术人才，李先生就高薪聘请一些长久居住在中国的美国人做技术顾问。由于经营有方，李先生的纺织厂生意蒸蒸日上，他就将公司开到了泰国、越南、柬埔寨等一些国家，李先生雇用了一些在这些国家暂住的中国工人，同时也雇用了一些这些国家的公民。按照 GNP 的统计标准，李先生在中国办厂雇用的本国工人以及美国公民都要纳入到 GNP 当中去。同时李先生在东南亚国家办厂时雇用的中国工人也要纳入到 GNP 当中去，但是雇用的那些外籍工人就不能纳入到 GNP 当中去。

通过上述论述我们发现，GDP 与 GNP 之间的关系是 GNP = GDP + 国外净要素收入。所谓净要素收入就是指暂住在国外的本国公民的资本以及劳务创造价值减去居住在中国的外国公民的资本以及劳务创造价值。当净要素收入越大，GNP 就越大，老百姓的生活就富裕。当净要素收入越少，GNP 就越小，老百姓的腰包就不能"丰满"起来。

GDP 失灵：油门坏了，车还能快跑吗

很多人都对 GDP 有一个错误的认识，认为 GDP 就是衡量国内生产总值的完美指标，把它当作神灵一样供奉起来。然而，人们忽略了 GDP 还有无效的 GDP 以及消失的 GDP 两种。

就像学车一样，一个学员平日里各种科目都令教练满意，教练总是拿他当榜样来夸奖，而总是对你们这些没有车感的学员们大呼小叫。可是真正到了考试的时候，这位所谓车感好的学员反而没有通过，不是转向灯打错了，就是换挡时因为紧张导致汽车熄火。即使这位车感好的学员费尽九牛二虎之力终于将驾照拿到

手，真正上路开车的时候也难免出现故障。由于这位学员囊中羞涩，只好买了一辆破旧的二手车练手，车开了一段时间后发现油门失灵了。这下可麻烦了，即使用尽吃奶的力气踩油门，也无济于事。车还是那个速度，在川流不息的上班途中，他真恨不得插上一双翅膀。

油门失灵，让车子无法提速，因此并不是说你想把油门加得越大，车子就跑得越快。GDP 也同样适用于这一原理，有时看似一个国家和地区的 GDP 在不断增长，但是增长的却是一些无效的 GDP，或者是一些消失的 GDP，那么这个国家和地区的经济发展自然是原地踏步。我们眼中所看到的 GDP 噌噌地涨，不过是一种海市蜃楼般的经济假象。

因此若要车子提速，就必须将油门修复，或者换一辆新车。当车主想要超越前方车辆或者想拥有飞驰一般的感觉，就可以加大油门，向前冲。对经济学而言亦是如此，只有积累下来并为人民所需要的 GDP 才算是有效的 GDP。有效 GDP 才能真实反映出一个国家和地区的经济发展状况和富裕程度，"冒牌货""赝品"只能蒙蔽人们的双眼，误导人们的判断。

在经济发展过程中，一个国家和地区若要真正提高这个国家的经济发展水平，提升人们的生活水平，就必须启用有效 GDP，否则人们就会像《皇帝的新衣》中的国王，自我欺骗却夜郎自大。就像车主在开车之前必须检查一下油门是否能够正常运转，如果发现油门存在着故障，就不要发动车辆，以免影响正常行驶。

第五章 国家经济与一体化:国际贸易之间的复杂关系

当一个国家和地区启动了有效 GDP,就可以驱动这辆经济战车,在发展大道上加速前行,感觉到一种成功者的畅快与洒脱。

经济一体化:"村"民们的经济保卫战

张大伯在自家园子里种了一园子韭菜,逢集就割一篮子新鲜的韭菜去卖。有很多人前来购买,张大伯卖给其他人是 3 元一斤,但是卖给于大伯则是 2.5 元一斤。张大伯本来是悄悄地卖给于大伯的,结果还是被其他人发现了:"凭啥卖给他少五毛钱。"张大伯据理力争:"怎么可能,你肯定是看错了。"

张大伯与于大伯既不是邻居,也不是亲戚,那么他俩是啥关系呢,这么亲近。张大伯平时爱读报学习,他给自己与于大伯之间的关系界定为"商业合作伙伴"。张大伯与于大伯分属于两个村,张大伯赶集卖韭菜,于大伯赶集卖青椒,于是两人就商量着卖给对方的时候,可以在价格上做出一些小小的让步,这样两人不必讨价还价还都能吃上新鲜的蔬菜。

这看起来小小的农村集市交易,竟然也运用到了"经济一体化"中的原理。所谓经济一体化就是指两个或两个以上的国家通过缔结一定的条约,减小贸易壁垒,从而实现互惠互利的一种商业政策。上述案例中,张大伯与于大伯私底下商议在价格上做出让步,互惠互利就符合经济一体化的某些特点,在这样的"政策下，两人就不需要为了省一毛两毛钱而大费口舌。而那些没有与他俩建立"商业合作伙伴"关系的人就要以多花5毛钱的成本买韭菜，尽管这些人心中有怨气，但是谁让自己不是卖家，主动权掌握在人家手里。这些人每斤多花5毛钱就是经济一体化中的贸易壁垒。

近些年来，越来越多的国家为了切身的利益纷纷开始建立各式各样的经贸组织，亚洲太平洋经济合作组织（APEC）、上海合作组织、中国东盟自由贸易区等经贸组织的建立标志着世界经济已经渐渐形成一个有机体。在这种形势下，任何不识时务的国家和地区都将被淘汰出局。与其做单飞的大雁，何不加入雁阵，与大家一起结伴飞行。加入雁阵完全可以适时变换自己的队形，时而"一"字形，时而"人"字形，如同一架超能力的"战斗机"，所向披靡。

经济一体化已经将世界变成一个地球村，各个国家和地区都成为这个村的村民，而市场就像热热闹闹的集市，村民们过来买菜能不优惠点吗？这不仅仅是碍于情面，更重要的是每位卖菜者也会成为买菜者，每个人心里都打着自己的小算盘：你今天到我这儿买了一只山鸡，我给你打折优惠，下一次我到你那儿买几个手编篮子你就会便宜点，人们都会成为这个集市上的受益者。如果你是外村的村民，那么不好意思，不入圈子就不是一家人，不是一家人就要说两家话。我卖花裤子卖给自己村的村民30元一条，卖给你就是要35元，觉得不公平不合理，你可以去别家看看。

目前，越来越多的国家和地区已经成为精明的"生意人"，纷纷寻找这样一个"朋友圈"，那么这些所谓的圈子又有哪些呢？主要有以下几种：

1. 自由贸易区

所谓自由贸易区就是指各个国家和地区签订自由贸易协定后组成的贸易区。成员国之间可以免收关税，取消一些贸易上的限制，但是在对待非成员国的态度上却没有达成一致，双方仍然是保持各自的关税与限额。

在我们的现实生活中，也有所谓的"自由贸易区"，在市北有两家小店相挨，一家是五金店，另一家是火锅店。五金店因为本小利微，因此概不赊账。而火锅店由于家大业大，允许一些单位赊账。五金店的老板有时会带着家人朋友到那家火锅店用餐，而火锅店也会去五金店买一些水龙头、插排、灯具之类的物品。渐渐地，两家店就达成协议，以后只要光顾对方的店就给个小小的优惠。但是对待外来顾客依然按照原价，并且五金店依然概不赊账，火锅店依然可以赊账。

两家店给予对方优惠，就符合了"成员国之间可以免收关税，取消一些贸易上的限制"这一点，而两家店对待外来顾客依然按照原价，并且五金店依然概不赊账，火锅店依然可以赊账符合了"在对待非成员国的态度上却没有达成一致，双方仍然是保持各自的关税与限额"这一点。

2. 关税同盟

所谓关税同盟就是指两个或两个以上的国家和地区以减小彼此间的关税为目的,从而建立起的一种共同的对外关税的同盟。关税同盟与自由贸易区最大的不同之处就是双方建立起共同的对外关税。

就拿上述案例而言,五金店的老板觉得火锅店赊账对自己的利益多少会有一些影响,火锅店因为利润大,即使赊几次账也不会影响资金的周转,而五金店则不同,一旦客户要求赊账,五金店老板就怕万一顾客长期不还账,很有可能影响到自己的利益。五金店老板就与火锅店老板商议:"老哥,你看您家大业大赊账没啥可担心的,我就那点家底赊不起账啊。我要是不赊,有些客户就会说旁边那家火锅店咋可以赊账呢,这就让我很为难。"

火锅店老板听了觉得也挺有道理,有几个单位确实是一直拖欠着账没有还,为了避免利益损失,不赊账也是个明智的选择。两家店就商量着概不对外赊账,这一行为就符合了"双方建立起共同的对外关税"这一点。

3. 经济联盟

经济联盟是经济一体化的最终目标,它最终是为了实现成员国在经济、财政、货币、关税等诸多方面的一体化。实现这一经济形式可谓困难重重,每个国家的具体情况不同,在推进经济联盟创建的时候,很多国家和地区的权益会受到一定的影响。

为此有些国家会唱红脸,有些国家会唱白脸,但是总体而言

第五章 国家经济与一体化：国际贸易之间的复杂关系

经济联盟的建立是利大于弊，能为这些国家和地区带来更多的发展机遇。在未来发展的日子里，这些国家必将会笑口常开。

第二次世界大战中，日本人为了发展本国的经济，就大肆侵略中国，建立所谓的"大东亚共荣圈"。当然，如今世界各个国家并非都像日本当年那样丧心病狂，但是经济贸易就像是一场无硝烟的战争，各个国家为了保护自己的利益，就必须走进"地球村"里，一起去建立经济共同体，一致抵抗外来的经济"侵略"，打一场漂亮的经济保卫战。

热钱：一群速战速决的经济"土匪"

一群土匪在山寨里待得有些腻歪无聊了，就开始摩拳擦掌要下山活动活动。他们乔装打扮成一群生意人，要进城做点小本生意混口饭吃。一开始还摆摊吆喝着生意，等他们发现机会一到，就开始行动起来。只听内线人员口哨声一响，他们掏出武器，以迅雷不及掩耳之势将珠宝店、商行、酒庄等地掳掠一空。然后纷纷跳上早就准备到位的马车杀出了城门。看到他们手舞足蹈、兴奋不已的邪恶嘴脸，人们虽然义愤填膺，但是他们早已逃之夭夭了。

也许这个故事离我们看似遥远，但是在经济学领域就有这样一群土匪，他们擅搞突袭，掠夺了财富就迅速逃窜，造成了极为恶劣的影响，这就是经济学中的热钱行为。所谓热钱就是指游资或者投资性短期资金，它的最终目的就是要以最少的投资获得最高的回报，也就是纯粹的投机盈利。

那么这群"土匪"是如何打入到其他国家内部，为所欲为的呢？

1. 国家金融管制较为松懈

很多国家放松了对资本进出的限制，为热钱的进入提供了可乘之机。就像上述案例中，这群土匪乔装打扮竟然能够蒙混过关，说明守城的卫兵放松了警惕。如果这些卫兵们能够认真检查每位进城的人，势必会发现其中的破绽，这群土匪也就只能在一片混乱中落荒而逃。然而"养兵千日，用兵一时"，正是这样一群庸兵的存在才让这群土匪们乘虚而入，为之后的掠夺埋下了伏笔。

2. 金融信息传播速度快

随着互联网的发展，信息就像一股春风很快就能够吹拂过沃野肥田，高岗山丘，当各个国家掌握到这些信息的时候就能够及时做出决策，从而大大提升了资本的流通速度。就像上述案例中，尽管这群土匪都是莽汉出身，但是他们依然懂得战略战术，先派遣一位内线勘察城里内部情况，这位内线将城里各种高档店铺的位置都了解得一清二楚，当他将这些信息提供给其他土匪，实施抢劫的时候就能够迅速有效。

3. 金融模式增多

远期外汇、利率互换、浮动利率债券等金融模式为热钱行为

第五章 国家经济与一体化：国际贸易之间的复杂关系

的发生提供了多种途径。如果没有这么多的金融模式，很多国家就无法进行所谓的热钱活动。就像上述案例中，城里面正是因为有了酒馆、赌场、珠宝店、商行、粮行等机构，才让这些土匪们有肉吃，有酒喝。否则他们也只能是竹篮打水一场空，喝西北风去。

通过上述案例，我们就可以发现热钱真的是来者不善，可很多国家偏偏就是来者不拒。那么，现在就让我们摘下它的面具，一睹其庐山真面目。

1. 高风险利润

热钱行为的最终目的就是要获取最高的收益，然而高收益伴随着高风险，很多国家若要得到高利益，就意味着要付出很高的代价。这群"土匪"进城抢劫的时候，尽管没有什么损失，这也只能说明他们运气好。倘若在抢劫的过程中遇到了警察或者军队，他们能不能活着出城都是个疑问。因此，敢于运作热钱需要足够的胆量与智慧。

2. 虚假的繁荣

当一些国家的资本大量流入另一个国家的时候，会带来短暂的经济繁荣期。这种繁荣带有很大的虚拟性与欺骗性，让这一国家误认为自己的国家经济发展已经达到了很高的水平。长此以往，会导致物价大幅上涨，远远超过了人们的消费水平。正如这群土匪假装进城做生意，他们摆出了一个长长的摊位，会让城里的百姓们误以为当地经济已经很发达了，然而这种所谓的发达持续不了多久，土匪们就要开始行动了。

3. 纯粹营利性

很多发展中国家误以为一些发达国家的热钱行为是一种慈善行为，事实上这些国家之所以进行短期性投资，最终目的是为了掠夺财富后拍屁股走人。热钱的本质并不是为了给当地制造就业机会，为百姓们提供便捷高效的服务，这不过是他们在进行投资时候打出的一个明亮亮的幌子罢了。

4. 超强破坏性

当一些发达国家对一些发展中国家进行短期投资的时候，极有可能造成当地经济的崩溃。1997年泰国涌入了大量的热钱，结果导致货币贬值，热钱逃逸后，泰国经济也面临着崩溃。当这些发达国家发现发展中国家经济发展缓慢，无利可图的时候就会大规模撤离。上述案例中，这群土匪对那些店铺进行打砸抢的时候，会造成极大的破坏性，让这些店铺一时半会儿难以缓过劲来，影响了城里百姓们的经济生活。当这群土匪感到抢的够多了，他们就会撒腿就跑。

当我们认识到热钱的"土匪"本性的时候，就要打一场漂亮的金融保卫战。首先就要让"卫兵"们把好城门，营造出"一夫当关万夫莫开"的势头，让一切不利于本国经济发展的热钱无功而返。如果这群"土匪"真的闯入到城里，我们就要拿起经济武器，打他个措手不及，让他们打着白旗，逃回老家。

第五章 国家经济与一体化：国际贸易之间的复杂关系

倾销与反倾销：别拿"低价"当炸药

商场是一个没有硝烟的战场，每一个参战国都要拿出相应的战略战术来击败对方。尤其是当其中一方无力回天的时候，这时候弱势的这方就会拿出破釜沉舟的魄力与勇气来与对方决一死战，企图将对方统统消灭。就像第二次世界大战末期，日本知道自己已经无法扭转战败的结局，就组织了一支敢死队，用自杀式袭击的方式来打击美国空军。当然，败局已定，任日本垂死挣扎也只能像个犯了错的小朋友在美国这位大哥面前低头认错。

在国际经济贸易中也有这种所谓的带有自杀性质的贸易行为，也就是经济学中的倾销。所谓倾销是指一个国家和地区以低于国内市场正常或平均价格甚至低于成本的价格对外销售其产品。

这是一种极不公平的竞争行为，凭什么一个国家的产品过剩，就要将价格降到最低让其他国家负担，不按套路出牌，不按规矩办事，只能把这个国家排挤在外；凭什么为了自身的利益，一个国家就要用这种不正当的手段掠夺市场，这和明抢又有什么分别。不要狡辩自己国家真的很困难，难道困难就要用这种极端的方式来掠夺财富？！任何一个国家和地区都不要把困难当作借口，任何一个国家和地区都无权用不公平的方式去抢占市场。

倾销这种贸易行为带有很大的危害性。首先严重伤害到竞争对手的利益,当一个国家以较低的价格出售本国产品的时候,势必会导致竞争对手该产品的销售数量锐减。如果这是一种公平的竞争行为,竞争对方则愿赌服输。问题在于这是一种遭到一致反对的商业行为。其次,这种商业行为会对进口国相同或相似产品造成很大的冲击。消费者在消费的时候,可能并不会激发出自己的爱国热情。当他们看到其他国家销售的该产品价格较低时,往往会蜂拥而上抢购一空。这就对本国的产品市场带来较大的打击。这些生产厂家看到这群疯子般的消费者后也许会叹息着无奈地摇摇头。当一个国家以低于成本的价格对外销售产品,这就对本国的生产厂家利益造成了一定的损害,这种商业行为就带有很大的自杀性。

既然倾销行为带有这么多的危害,我们就要采取"以暴制暴"的政策,不再让他们为所欲为,这就是所谓的反倾销。有矛自有盾;有导弹系统,自有反导弹系统;一个国家搞倾销,另一个国家就会反倾销。我们可以提高进口关税,让这些企图倾销的国家感到压力,知难而退;同时提高国民的爱国热情也是一种极为重要的举措,当每位国人都能够支持国货,那些搞倾销的国家又拿什么去抢夺市场?作为本国的生产商要提高产品的质量,只要本国产品的质量大为提升,就能给消费者们一个充足的消费理由。

很多国家把"低价"当作烈性炸药,企图通过这种方式将对方炸个四分五裂。也许这种行为暂时能够起到一定的杀伤力,但是任何一个国家都不是软柿子,岂能任由他国随意践踏。当其他国家研制出了针对这种炸药的"武器装备",那些国家的"侵略梦""扩张梦""发财梦"都不过是黄粱美梦,南柯一梦,白日做梦。

中国制造:中国的产品无处不在

淘淘拿着爸爸的一个 200 元的打火机在玩,爷爷看着这个打火机问淘淘的爸爸这是从哪个国家买的,淘淘的爸爸对爷爷说:"这是咱们自己国家产的。"爷爷有些惊讶:"咱们的制造业发展也太快了,连这种高科技的火机都能造出来。"

淘淘的爸爸笑着对爷爷说:"爸,咱们国家的制造业是发生了翻天覆地的变化,在其他国家几乎都能找到咱们国家制造的产品,中国人在国外真可谓是扬眉吐气了。"

提起"中国制造",人们不禁为之感到自豪,中国制造创造了世界上诸多奇迹,让全世界的消费者领略到了中国制造的实力与魅力。中国一改往日连"洋火""洋钉"都需要进口的落后局面,继而蜕变成建立完整工业体系的良好局面,真可谓实现了质的飞跃。"中国制造"已经成为一种品牌,一种号召,越来越多的世界 500 强企业相继在中国投资建厂,许多产品从中国发往世界各地,从而使中国成为名副其实的制造大国。

"中国制造"已经取得了如此瞩目的成就,是不是意味着可以在世界制造业里稳住脚跟呢?答案当然不是。中国制造业尽管已经发展到一定的高度,依然存在着很多的问题,这些问题的存在很大程度上阻碍了中国制造业的发展。那么，中国制造业还面临着哪些问题呢？

1. 低成本的劳动力优势正在渐渐丧失

在过去很多国家之所以会选择在中国建厂投资，很大程度上是因为中国有着强大的劳动力优势。过去中国的劳动力不仅数量众多，而且劳动力廉价，在中国投资建厂可以降低生产成本。近些年来中国的经济发展出现了翻天覆地的变化，人们的生活越来越富足，如果让人们继续从事低工资、低待遇的工作已经不太可能，因此中国的劳动力优势正在渐渐衰退。越来越多的大型企业已经将制造基地转移到东南亚、非洲一些国家中去。

2. 成本优势渐渐丧失

原材料、能源价格的上涨导致了中国制造的成本优势也渐渐丧失，这就意味着可赚取的利润越来越低。同时，拥有自主知识产权的企业太少，知名品牌较少，核心技术创新较少，劳动生产率也较低，这就导致了中国制造业在未来的发展之路上还会阻力重重。

在这样的发展背景下，中国制造业该何去何从呢？

1. 提高应对风险的能力

应该多向国外出口一些技术含量较高的产品，尽量符合国外对产品的指标要求。

2. 企业要拥有自主产权

中国要成为拥有自主产权的"主人"，由用"中国制造"改为"中国创造"，彻底实现身份的转换。

3. 到国外投资建厂

中国目前已经拥有了一些较强实力的企业,这些企业完全有能力到国外投资办厂。例如很多中国的企业到东南亚国家投资建厂,不仅可以充分利用起当地丰富的资源,还能够规避相关的贸易壁垒,真正实现"走出去"。

若想要中国的产品能够真正走出去,中国制造不仅要充分发挥出自己的优势,同时还要弥补自己的劣势,生产制造出更多更好的产品来。

世界贸易组织:规范贸易秩序的督警

A国与B国之间产生了贸易纠纷,双方为此互不相让,公说公有理,婆说婆有理。后来,世界贸易组织出面调解,经过世界贸易组织的调查、考证,最终判定是A国存在问题。该组织对这两个国家进行了一番调解之后,A、B两国终于达成和解。

鉴于B国在贸易中一直都遵循相应的贸易原则,世界贸易组织又当起了"红娘",将B国与C国之间进行牵线,经过一番协议之后,两国就很多贸易上的问题达成共识。

通过上述案例中我们可以看出,世界贸易组织在解决成员国之间的纠纷方面起到了积极的作用。世界贸易组织1995年1月1日正式开始运转,总部设立在瑞士的日内瓦,随着经济全球化的不断发展，世界各国之间的贸易往来日益频繁，世界贸易组织的作用日益凸显，在很大程度上该组织扮演着协调成员国之间贸易互动的督警的角色。

那么这位督警平时主要负责哪些事宜呢？

这位督警可谓身兼数任，要负责处理很多事情。当成员国之间产生纠纷要及时解决；成员国进行谈判要及时提供场所；对成员国的贸易政策法规等要进行定期审议等。

中国作为世界贸易组织的一员，近些年来受其影响越来越大。自2001年中国加入世界贸易组织之后，经济与贸易发展较之前相比产生了质的飞跃。我国的产品出口再创新高，国家每年都会获得较大的出口收入。当国家拥有了出口收入的时候，就会加大相应产品的进口，中国近些年来引进了大量的先进技术，大大促进了本国高新技术产业的发展，让我国的高新技术产业慢慢跟上了世界发展的步伐。同时，由于重视自主创新，我国自主创新的产品，很多都走在了世界科研的前沿。由于国家经济的快速发展，为劳动者们提供了大量的就业岗位，解决了很多人的就业问题，当人们的收入水平不断提高，又会刺激消费，一定程度上又促进了国家经济的发展。中国加入世界贸易组织以后，对外服务贸易也取得了很大的进步，旅游、保险、运输等行业都获得了很大的成就。

当中国加入世界贸易组织以后，经济发生了翻天覆地的变化，在国际上的地位不断提高，拥有了更多的发言权，同时经济全球化使我国成为了仅次于美国的第二大经济体。

第六章

通货膨胀与紧缩：特殊时期货币的市场百观

人们经常会问一个问题，货币贬值是好事还是坏事。这就涉及货币的升值与贬值以及通货膨胀与紧缩问题。当通货膨胀发生，同样数量的钱就难以买到同等数量的商品；当通货紧缩发生，又会导致消费者拿着钱却买不到产品，于是很多人就开始吐槽市场经济下自己永远都是被动的。

货币与通货膨胀：钱太多了，是好事吗

所谓通货膨胀就是指货币供应量远远大于货币需求量，导致大量的货币过剩。俗话说，物以稀为贵，人们只有在物品稀缺之时才会觉得其弥足珍贵，当大量的货币堆积在一起的时候，就会降低购买力，这些货币此刻或许更适合用来引火做饭。我们不妨乘坐一次时光穿梭机，穿越到那个民不聊生的旧国民政府时期，化身为一位普普通通的小市民，还原当时通货膨胀的真切情境。

"卖报，卖报，白银货币体系废除。"大街上走着的人们听到这一爆炸性的消息后瞬间炸开了锅，人们纷纷抢购报纸一探究竟。原来从今天起，白银货币体系被法币代替。这时期国民政府开始大量发行法币，一开始人们还被这"幸福的闪电"击昏了头脑，认为自己已经告别贫困，拥抱财富，每个人的钱多得要用麻袋来装。小伙子兴奋地对女生说："咱有钱了，有钱了。"人们完全沉浸在一片兴奋之中，没有预感到一场巨大的暴风雨就要袭来。

是的，人们高兴得太早了。张先生在中学里做一名教员，拿着100法币去店铺买米，可是当店小二将米交到他手里的时候，

第六章 通货膨胀与紧缩：特殊时期货币的市场百观

他愣住了："就……就这么点？"店小二也硬气十足："对啊，物价上涨了，原先100法币能买5斤，现在只能买1斤。"张先生充分发挥自己知识分子能言善辩的智慧据理力争，没想到店小二更加骄横："不买拉倒，过几天你连一斤都买不到了。"张先生满腔愤懑，气咻咻拂袖而去。张先生就是不信那个邪了，依然拿着100法币到另一家米店去买，天哪，真让那个蛮横的店小二说着了，100法币只能买几两大米了，张先生摸不着头脑。过几天张先生拿了100法币买米的时候，发现店铺出现了混乱，多少人拿着成捆成捆的钱拥挤在店铺门口买米，有些人甚至大打出手，张先生作为文弱书生，自然抢不过那些莽汉，他无奈又茫然地自语："这个世界变化就这么快吗？"更令张先生想不到的是，由于很多人面临失业，学生上不起学，张先生也丢掉了教员的职务，一切都处于一片混乱的状态中。

货币与通货膨胀之间的关系是疾病与病症之间的关系，当这一疾病发生，其所带来的病症会给人们制造无穷无尽的折磨。市场自有其内在的规律，一旦打破这一规律，就如同打破市场的免疫系统，导致市场抵抗力大大下降。国民政府没有考虑市场的实际需求，大量发行法币必将带来市场的混乱，经济作为国家发展的命脉，一旦断裂带来的伤害将会是毁灭性的。那么如何才能治疗这一沉疴痼疾呢？

这就要求一个国家必须找到医术高明的医生开出疗效十足的药方。这位医生就是政府，药方就是科学合理的经济体制。中国自中华人民共和国成立后，一直都在经济体制这条艰难曲折的道路上摸索前行，经过几十年的探索实践，终于找到了一条符合国情的经济发展体制。正是这一经济体制让我国正在为世界呈现出一个经济强国的健美形象，让世界各国为之瞩目。

对于一个国家而言，发行的货币太多只会让国家成为一个巨大的印钞机，而这个印钞机由于工作量太大，导致线路烧断，最终停止运转。

恶性通货膨胀：大胖子、小蚂蚁

货币是无辜的，它的命运总是被市场左右。那些发生通货膨胀的国家难免会受到巨大的冲击，一时半会儿难以缓解过来。第一次世界大战后的德国经济危机、美国经济大萧条、韩国金融危机等，都让货币失去了价值，丢掉了发言权。有一个通货膨胀时期的小笑话，大致意思是讲一个美国小偷在一个月黑风高之夜悄悄潜入一户人家行窃，看到这户人家的菜篮子里放着一大摞美元。小偷拿着这摞美元在手上掂了掂，然后小偷非常坚决地扔掉了那摞美元，拿起菜篮子拔腿就跑。不要认为那个小偷是个不识数的傻子，通货膨胀时期的一摞美元买不到一个菜篮子。

一旦发生恶性通货膨胀，自然是有人欢喜有人愁，满大街上都是一群大胖子和一群小蚂蚁，他们共同构成了复杂多变的经济生活，上演着一部爱恨交织的精彩电影。

1. 雇主进一步"盘剥"雇佣者

当恶性通货膨胀发生时，由于货币发行量会大大增加，因此雇主的收入会明显增加。而被雇佣者的工资并不会随着通货膨胀率的增加而迅速增加，支付给被雇佣者的工资就会相应减小，雇主的利润就会增加。例如孙先生办了一个养鸡场，每月收入是2万元，支付给工人的工资是3500元，如果暂时不算其他费用的话，孙先生每月盈利16500元。一旦发生通货膨胀，孙先生卖鸡的钱将会大大增加，假如是5万元，而支付给工人的工资可能仍然是3500元，那么孙先生实际盈利46500元。当孙先生赚取了较大的利润，他必将扩大养鸡场的规模，赚取更大的利润。

2. 让国库更为"丰满"

当恶性通货膨胀发生时，各类职员的实际工资都会相应增加，当工资达到了纳税点，公民们就要履行纳税的义务。在这样的背景下，国家的税收收入就会大大增加，有利于政府更好地开展各项工作。徐小姐在一家国有企业上班，每月工资是3500元，发生恶性通货膨胀以后每月工资是9000元，因此徐小姐每月都要纳税。表面上看，徐小姐已经成为高薪阶层，事实上徐小姐的实际购买力并没有得到相应的提高，从前买一支口红需要300元，现在需要900元，她仍然处于"供给跟不上内需"的状态。很多人都私底下骂着："这算什么，这不就是变相掠夺。"

恶性通货膨胀就如同一个可怕的梦境，在这梦境里面必然会有一些得益的"大胖子",也必然会有一些损益的"小蚂蚁",他们共同构成了经济学领域的浮世绘。但是这毕竟不是正常的经济生活,作为普通百姓的我们还是祈求不要去做这样的噩梦,只要平平淡淡度过每一天。

通货膨胀:真的像传说中的那么可怕吗

一位大学教授在教课之余,一直从事文学创作。然而经济领域的天空风云突变,突然发生了通货膨胀,物品的价格急剧上涨。

这位大学教授对一些生活日用品并没有抢购过多,然而却抢购了成捆成捆的稿纸,有时候如果抢购慢了,稿纸的价格就会有所上涨。为此教授专门雇了一辆马车将店里所有的稿纸全部买下,这整整一马车稿纸估计教授写到退休也用不完。尽管一次性买这么多稿纸花费了很多钱,但是为了避免通货膨胀加剧花费更多的钱,教授就出此策略,有备无患。

对于卖稿纸的店老板而言,稿纸脱销还是有史以来的第一次。稿纸仅仅是被少数人所使用,平时销量平平,然而通货膨胀的到来,让那些舞文弄墨的文化人抢购一空,大大促进了业绩的提升。

在上述案例中,我们可以看出通货膨胀尽管也带来了一定的弊端,但是对店家而言也是一件好事,提高了业绩。从经济学的角度而言,可以在一定程度上促进经济的发展,因此,通货膨胀

第六章 通货膨胀与紧缩：特殊时期货币的市场百观

是一把双刃剑，并非总是那样可怕。

很多人只要一谈到通货膨胀就会大有谈虎色变的感觉，事实上，通货膨胀除了会向人们展现恐怖的一面，还会向人们展现出温柔的一面。只有恶性通货膨胀才会给人们的生活带来极大的破坏性，大大降低人们的实际购买能力。当通货膨胀发生时，物价会上涨，同时国民的工资也会同比例增长，这就意味着国民的实际购买力并没有受到影响，国民的生活并不会发生太大的变化。

那么，通货膨胀会带来哪些较为温柔的一面呢？

1. 口红效应

众所周知，口红是每一个爱美女性的必备化妆品，然而在经济发展的不同时期，女性对口红的需求度是不一样的。当经济发展较为发达的时候，女性对口红的需求量较少，这时候的女性较为自信，这种自信是由内而外散发出来的，因此她们就不需要靠口红这样的化妆品来掩饰内心的焦虑与自卑。但是，当经济开始衰退的时候，就会产生通货膨胀，人们内心就会感到不安，女性是情绪化的"物种"，她们会通过化妆来掩饰自己，口红等化妆品的销售数量就会增大，对于口红市场而言这是一件好事，大大促进了经济的发展。

2. 皮鞋成本

经济学家打过一个形象的比喻，通货膨胀期间，人们为了去银行提取现金，难免会一路小跑，久而久之鞋跟就会被磨损，为此人们就必须要买一双新鞋，增加了成本。这个比喻是指消费者为了维持基本的生活水准，就要手头保留一部分资金，这种情况下消费者必须付出一定的时间与资源。就如同到银行提取现金一样，消费者必须要花费一定的时间，同时还有可能会磨破几双鞋子。

3. 公交车效应

通货膨胀期间，物价的上涨非常快，经常会出现一些令人大为惊讶的事情。比如后一分钟的物价就会比前一分钟的物价上涨，人们就会想尽一切办法来节省时间。为此，人们纷纷开始乘坐公交车，不再乘坐出租车。乘公交车是上车就交钱，可以节省交钱的时间，在交钱的时间里物价就很有可能上涨。这就是所谓的公交车效应。

很多人一直都对通货膨胀带有一定的敌意，认为只要通货膨胀一来，就意味着灾难要来临了。事实上，我们必须辩证地看待问题，不能盲目地走进认识的误区。通货膨胀是经济领域的常见现象，并非一定对人们的生活产生太大的负面影响。唯有恶性通货膨胀才会给人们的经济生活带来致命性的打击，因此让我们正确对待通货膨胀。

通货紧缩：可怕的幽灵

美国发生经济大萧条时期，密西西比河的环境遭受到了巨大

第六章 通货膨胀与紧缩：特殊时期货币的市场百观

的破坏。美国人民的腰包干瘪了下去，购买能力大大下降，霸气十足的"美国佬"沦为一穷二白的"小瘪三"。很多大农场主顿时傻了眼，这下糟糕了，成千上万头肉猪、成千上万桶牛奶、成千上万袋大豆都统统倒进了密西西比河。此时的密西西比河就像是一个容量巨大的胃，吸收了这些杂物，但是这个巨大的胃消化系统并不强大，留下了大量的残渣废物，让这个胃发出了一股股巨大的恶臭。

出现此种现象的万恶之源就是通货紧缩，所谓通货紧缩就是指货币供应量少于市场的实际货币需求量。当通货紧缩现象发生，人们实际拥有的货币量就会大大减少，货币就会出现升值的现象。原本一块钱只能在超市柜台结账时顺便拿一块口香糖，当通货紧缩发生时人们就可以买几斤自己最爱吃的水果，货币的购买力大为提升。一个农村来的穷小子原本正为买一套房子而愁得焦头烂额，一旦发生通货紧缩现象，就可以抓住这个时机赶紧向七大姑八大姨把首付的钱凑齐，从此以后他就是个有房一族，不再漂泊无依。

这时也许有人会问，对消费者而言，发生通货紧缩不是件好事吗？上述现象仅仅是我们的"短视"造成的。在短时期内，发生通货紧缩的确可以让消费者们暂时尝到一丁点甜头，也会让企业降低生产成本，提高经营效益，进而扩大经营规模，形成一个良性循环。从这个角度来看，当通货紧缩适度的时候，可以实现经济的短暂增长。

但是通货紧缩这个家伙是个极为可怕的幽灵，它带来的危害比通货膨胀还要大。就像温水煮青蛙，起初它让消费者在温水中来一次舒适的蛙泳，可是到后来消费者就会觉得这水开始发烫，很烫，越来越烫，最终消费者感觉完全中了它的圈套，四肢乱蹬，抽搐不已。当通货紧缩全面爆发的时候，它的本性就暴露无遗了。它施展魔法，让物价持续下降，生产者真的是吃不消了，使出浑身解数也无济于事。一些生产者实在忍无可忍，就索性宣布破产。一些银行等金融机构也不愿意再提供贷款，让越来越多的投资者失去了资本，当投资者越来越少，市场就变成了一个空空的集市，买菜的人、卖菜的人都消失得无影无踪。一旦市场处于停滞的状态，经济的车轮就无法向前滚动，最终陷入大萧条的冰冻期。在这样的背景下，社会就会呈现出一副工人下岗、生活困难，怨声载道的混乱局面。

为此，所有人都在强烈呼吁："通货紧缩，离我们远点！"

货币升值：难道这真是个好梦

所谓货币升值就是指一种货币兑换另一种货币的比率增加。就拿人民币与美元而言，当汇率为 1∶8 时，1 美元可以兑换 8 元人民币；当人民币升值，汇率变成 1∶7 后，1 美元可以兑换 7 元人民币，人民币更值钱了。例如，原先 100 元人民币可以买一双

第六章 通货膨胀与紧缩：特殊时期货币的市场百观

美国产的袜子，现在就可以买一条美国产的裤子。如果小张真的美梦成真，那么那几万块钱就会变成一艘梦想号飞船，载着小张在梦想的银河中纵横驰骋。

当人民币真的升值，必然会带来诸多良性反应。当你打算做个潇洒的背包客，来一次说走就走的旅行时，就不必再为高昂的费用而担忧，无论是在美女如云的越南大街，还是在枫叶遍地的加拿大，抑或是在金字塔巍然屹立的广袤沙漠里，都会留下你追寻诗和远方的足迹；当你是个精明的房地产开发商，就不必担心外国人会加大对中国的住房需求，出现房地产泡沫这种经济假象。这时的你就可以避免与那些趋之若鹜的房地产开发商为伍，当他们在泡沫破灭后赔钱时，而你这边风景独好；当你是个精打细算的进口商，正在为资金短缺而焦头烂额的时候，一旦人民币升值，就可以缓冲一下，大大减少进口原材料的成本等。很多人都希望这个好梦能够做得长久一些，在这样温柔的梦乡里，人们会发现这人间是多么美好。

但是，人民币升值就真的是一个好梦吗？

当然不是！那么，人民币升值又会带来哪些负面的影响呢？

在这种情况下的确利于中国人进口外国商品，但是对于出口商和外派的劳务人员而言是一次较为严重的创伤。当中国出口商出口商品的时候，由于价格不变，美国仍然会按照原价格予以支付。假如美国总共支付了 24 万美元，按 1∶8 汇率换算的话，兑换成人民币为 192 万元。但是当人民币升值后，就要按照 1∶7 来换算，兑换成人民币 168 万元，比原先损失 24 万元。这无异于割掉了出口商一块心头肉。

当出口商收益受损，其经营规模就会相应减小，所设的岗位也会减少，这就意味着有一部分人面临着下岗的危机。孙先生在一家出口企业做运输司机，本来干得好好的，可是人民币升值了，公司的总营业额就会减少。一天老总满怀愧疚地对孙先生说："老孙，你为我工作这么多年真是辛苦了。可是，你也看见了近几年来公司的效益不好，养不了那么多的员工。"孙先生并不是那种不明事理之人，他沉重地点了点头，带着遗憾与不舍离开了企业。这一时期还会有更多的"孙先生"失去工作，生活的担子越来越重。

同时，人民币升值对我国旅游业的发展而言无疑也是一记重拳。中国有着丰富的旅游资源，每年都会吸引五大洲的外国朋友们前来游玩。当人民币升值以后，外国友人们在中国的消费就会有所增加，任何人口袋里的钱都不是大风刮来的，消费之前就要先掂量掂量，最终理性战胜了感性，他们会选择转往其他国家旅游。

因此，人民币升值就是一把双刃剑，既有有利的一面，也有不利的一面。

货币贬值：经济大坑，当心脚下

第二次世界大战后，西德经济发展遭受重创，国内一片狼藉。

第六章 通货膨胀与紧缩：特殊时期货币的市场百观

为了早日摆脱发展困境，西德采取了一系列措施来刺激本国经济发展，例如政府宏观调控，让国内出现通货膨胀，货币的价值就会大大降低。当西德货币贬值的时候，就能够让其他国家以较少的货币购买同等数量的商品，西德的商品就能够好卖一些。

所谓货币贬值就是指单位货币所含有的价值下降，即单位货币价格下降。当货币开始贬值，该货币的购买力就会大大下降，这就有利于本国商品的出口。当一个国家出口的商品日渐增多，就会在一定程度上刺激本国经济的发展，扩大了一些企业的生产规模，解决一些人的就业问题。就如同西德，战后初期很多人连温饱问题都难以解决，国内定然会乱成一锅粥。西德当局为了维护社会的稳定，促进本国经济发展，就大量发行本国货币，导致货币大幅贬值。西德的一些知名的汽车公司开始向国外大量出售本国的汽车，由于物美价廉，自然大受欢迎。当汽车销售数量增多，本国的汽车企业就会不断扩大自己的规模，这就需要大量的劳动力来支撑。于是，那些原本无所事事、怨天尤人的人变成了身着工装在车间内忙碌的汽车工人。就这样西德的经济迎来了春天，渐渐复苏起来。

那么，问题也随之而来，如果西德一直都采用这种方式刺激本国经济发展，结果又会怎样？

货币贬值在一定程度上缓解了经济压力，如果长期采用这种方式，西德自身就会出现"内分泌失调"的经济现象。很多金融机构的利益就会受到很大的损失，他们不愿意再向外贷款。就拿西德的汽车企业而言，当这些企业失去了资金强有力的支撑，必将无法追求"更快、更高、更强"的发展目标，渐渐地企业的规模就会相应地缩小，一部分人又将面临失业的危险，久而久之就会形成一个恶性循环，让西德依然无法逃出经济萧条这个怪圈。

同时，西德的这种货币贬值就像流行性感冒带有很大的传染性，当西德打一个经济"喷嚏"，就会引发周边国家以及那些相关联国家的货币贬值。众所周知，经济一体化让各个国家都紧密联系在一起，没有一个国家会成为一座孤岛，牵一发而动全身是当今世界经济发展最为显著的特征。约翰·多恩在《没有人会是一座孤岛》一诗中就阐述了这种关系：没有谁能像一座孤岛/在大海里独踞/每个人都像一块小小的泥土/连接成整个陆地/如果有一块泥土被海水冲击/欧洲就会失去一角/这如同一座山岬/也如同你的朋友和你自己/无论谁死了/都是自己的一部分在死去/因为我包含在人类这个概念里/因此我从不问丧钟为谁而鸣/它为我，也为你。

经济一体化使西德与其他国家紧密联系在一起，一旦经济受到巨大损失，其他国家也必将会受到冲击。西德作为一个经济大国，在世界经济格局中占据着重要的位置，自然与众多国家都有经济上的往来。当西德只是一味地让货币贬值，势必会导致国际收支状况恶化，正所谓"城门失火殃及池鱼"，其他国家也将陷入国际收支失衡这个深深的大坑中去。

第六章 通货膨胀与紧缩：特殊时期货币的市场百观

吉芬商品：特殊时期的板蓝根

2003年对国人来讲是一个难忘的年头，举国上下卷入一场抗非典的"战争"中，每个人都感到忧心忡忡，就怕感染上SARS病毒。38℃已经成为一个最危险的警报。在这样的紧张的气氛里，老百姓们也开始了一场所谓的"自救"运动，将药店里的板蓝根抢购一空。但凡有点医学常识的人都知道板蓝根只具有清热解毒、凉血利咽等功效，并不能预防SARS病毒，然而老百姓心理作用使然，导致了板蓝根出现断货的现象，一些经营困顿的制药企业在这时候起死回生。

这种现象在经济学领域属于极为罕见的一种现象，在上述案例中板蓝根就属于经济学领域中的吉芬商品。所谓吉芬商品就是指商品价格上升时，需求量不但没有下降反而有所增加。当非典发生，人们纷纷抢购板蓝根，正是怕买不到这种商品从而威胁到自己的生命安全，即使板蓝根的价格大幅上升，也阻挡不住人们购买的热情。

特殊时期，人们的分辨能力有所减弱，但凡人们冷静分析一下，就知道板蓝根对预防非典几乎毫无作用。但是，在特殊的背景下，人们的思维处于真空状态，无法用冷静的头脑去对待生活中的问题。

读完上述文字的时候，很多人都会担忧越是低廉的商品卖得越好，这市场会不会因此混乱起来。消费者不必忧虑，吉芬商品的现象仅仅是发生在极端的社会条件下，例如战争、瘟疫、自然灾害等，如果市场是良性运转，处于竞争状态的，那么就不会出现这种现象。人们完全可以将吉芬商品当作是老婆婆为孩子们讲的一个鬼故事，听一听困了之后，就洗洗脚上床睡觉吧。

第七章

不平等经济学:让人倍感失望的真相

经济生活中我们都期盼着实现人人平等,但这无疑是一个美丽的梦幻。当我们揭开不平等经济学的面纱,才会发现那一层层真相。于是我们开始了不懈的努力,到头来依然发现所谓的平等遥不可及。

经济不平等：由来已久的弊病

在经济学中，一直都存在着一个难以治愈的弊病。这一弊病由来已久，危害极大，至今依然像个寄生虫一样寄生在经济学的肌体内。

自从有了经济活动，不平等也就应运而生，世界各国的经济学家都对这一现象进行了细致而又深入的研究，很多经济学家在研究的过程中，一直都希望构建起自己的乌托邦，希望寻找出行之有效的措施来缓解不平等现象，但事实证明这将是一个极为漫长、极其坎坷的过程。

经济学家们像探险家一样，对不平等现象进行了旷日持久的研究，终于一点点揭开了这一现象层层包裹的面纱，发现了五个不为人知的真相。经济学家们将这些真相一一公之于众，让人们看清不平等经济学的庐山真面目。

1. 国家富裕程度与平等程度不成正比

据经济合作与发展组织（OECD）最新公布的数据显示，很多发达国家其不平等经济现象比一些最不发达的国家还要严重，在不平等经济国家的排名中，美国、英国、以色列几个发达国家"名列前茅"。由此可以看出，那种所谓国家经济越发达经济就越平等的结论简直是天方夜谭，不堪一击。

2. 美国是世界上不平等程度最高的国家

很多人以为在美国生活无疑像在天堂生活那样美妙，但是他们忽略了一点，美国是有钱人的天堂，也是穷人们的地狱。

安联集团公布的2014年全球财富报告显示，美国既是世界上最富有的国家，也是世界上最不平等的国家。并且随着美国经济的发展，穷人与富人之间的贫富差距越来越大。富人们不费吹灰之力就会让财富源源不断地涌进自己的口袋，而穷人们累死累活都感到举步维艰，甚至有很多人流落在纽约街头。曾经看过一幅令人倍感心酸的照片，在高楼林立、富丽堂皇的华尔街街头，有一位老人为了生计在兜售铅笔，这巨大的反差无疑让人清晰地看到美国人民之间的贫富差距。多少人可以在这里一掷千金，夜夜笙歌，而多少人却食不果腹，饥寒交迫。

《纽约时报》专栏作家大卫·莱昂哈特曾经对美国贫富差距做过一个深入研究，研究显示出美国的穷人与中产阶级的收入增长幅度要远远落后于富人们的那一群人，这就像是双方在做一次反向运动，距离会越来越大。

3. 不平等现象并没有急剧恶化

经济学家们指出，如果仅仅根据收入水平来判断一个国家的不平等现象是否有恶化，是非常片面的。如果从国民的消费水平来判断，经济的不平等现象并没有过多的恶化，而是一直维持在一定的程度上。据权威资料显示，消费不平等的增加速度要远远小于收入不平等的增加速度，从这个角度而言，经济不平等现象并没有急剧恶化，因此很多人就可以让心灵的天平稍微平衡一些。

4. 国家内部的不平等加剧，但是国家之间却在减小

通常情况下一个发达国家的经济不平等现象会比较严重，尤其是金融危机以后，这种不平等会进一步加剧，正所谓"屋漏偏逢连夜雨"。

金融危机是一把双刃剑，尽管它加剧了国内经济不平等，但是国家与国家之间的经济不平等差距却越来越小。当金融危机发生以后，很多发达国家，例如美国国内经济就会发生剧烈的变化，有钱人因为有雄厚的资金做保障，并不会被突如其来的危机所羁绊住。而那些穷人面对洪水猛兽般的金融危机，毫无招架之功，甚至会面临失业的危险，这就导致了穷人与富人之间的收入差距会越来越大，不平等现象就会越来越严重。

金融危机对很多发达国家的冲击要远远大于一些发展中国家和最不发达的国家，很多发达国家在这个时候也许会感到苟延残喘，而一些发展中国家和一些最不发达的国家则会趁机发展本国的经济，"比赶超"发达国家，逐渐缩小与发达国家之间的差距。

第七章 不平等经济学：让人倍感失望的真相

再分配：不平等现象的缓冲剂

美国前总统奥巴马在竞选演说时曾经对一位水管工说"分散财富对大家都很好"，这句话引人深思。奥巴马所说的分散财富从经济学的角度而言就是所谓的再分配，而他所说的"大家"应当包含两方面，既是指国民同时也是指代国家政府本身。他所说的对大家都很好，可以理解为通过实行再分配政策不仅有利于国民们利益的保障，同时也对经济的增长与国家的发展产生重要的推动作用。

近些年来越来越多的国家开始在国内推行再分配政策，取得了较为理想的效果，很大程度上再分配政策已经成为一味缓冲剂，缓解了不平等现象，最大限度实现了地区与地区之间，国民与国民之间的平等发展。

所谓再分配就是指在初次分配的结果基础上，收入主体通过各种渠道对生产要素进行转移的一个过程，这也是政府对生产要素进行调节的一个过程。政府之所以愿意推行这一政策，原因有以下几个方面：

1. 敛聚保障基金，保障人民利益

社会保障体系的完善与否与国民的切身利益密切相关，当国民社会利益得不到保障的时候，民众就会怨声载道。但凡英明的

统治者都会意识到百姓的权益保障问题,因此就会采取一系列措施来保障百姓的利益。

在经济社会里,百姓对养老、医疗、失业等社会保障要求越来越高,除了企业与个人承担一部分费用之外,政府也要为企业与百姓承担一部分压力,而这部分保障基金就是通过再分配的方式敛聚而来。

2. 积累后备资金,以备不时之需

任何一个国家都无法避免天灾的危害,每一次自然灾害都会给这个国家的经济与社会发展带来重创。就像日本地震、美国的飓风等都会让整个国家伤痕累累。

为了修复这种创伤所带来的伤害,当自然灾害发生以后,国家就必须及时投入大量的人力、物力、财力进行灾后重建工作,让灾区的人们重新找到生活的希望。如果这时候缺少强大的资金做后盾,后果将不堪设想。

3. 国民经济协调发展,有利于国家和谐统一

由于国家各个地区、各个企业、各个部门的实际情况不同,因此在发展过程中难免会存在差异,有的地区、企业会遥遥领先,而有的则因为自身条件与实力有限一直被远远抛在后面。同时各个地区、部门、企业在初次分配中得到的收入份额往往与实际的发展需要不相符,这就在一定程度上阻碍了那些较为落后的地区、企业、部门的发展,从而影响了国家整体的发展步伐。为此政府要采取宏观调控的措施来加以调节,通过再分配使得地区之间、

企业之间、部门之间的发展能够达到协调与统一，从而推动国家更好地发展。

4. 生产部门与非生产部门能够齐头并进

一个国家是由生产部门与非生产部门所组成的，两个部门互为补充，缺一不可。任何一个部门若要持续运转下去，必须有资金做保障。生产部门在初次分配的过程中会得到相应的收入从而维持日常的运转，但是非生产部门在初次分配中无法得到收入，这将导致非生产部门无法正常运转下去。为此，政府就必须采取再分配的措施来加以调节。

国家的文化教育、医疗卫生、行政机关等都属于非生产部门，在日常的运转中它们并不会为国家带来直接的收益，因此也就无法在初次分配中得到相应的资金来源，为了保证其正常运转，政府就必须将生产部门的一部分资金转移到非生产部门，用于承担非生产部门日常运转所需要的费用。当生产部门与非生产部门能够齐头并进的时候，那么国家就会稳定持续运转下去。

有人曾经打过一个形象的比喻，认为再分配是最正当的"劫富济贫"的计划，能够实现经济的平等，事实证明，这一计划的确奏效。那么，政府又是通过哪些方式来实现再分配的呢？

目前政府主要通过收入税、财产税、社会缴费、社会福利等方式来进行再分配。所谓收入税就是指企业与个人在初次分配中得到了收入，应当依法缴纳一定的所得税、利润税等费用；所谓财产税就是指财产拥有者要根据自己的财产情况，缴纳相应的财产税、遗产税等；所谓社会缴费就是指国民为了能够一直保持自己持续获得相应的福利金，从而向政府缴纳的一定的费用；所谓社会福利是指居民从政府那里所得到的失业金、退休金、养老金等。政府通过这些手段与渠道可以与经济不平等展开一场拉力赛，在一定程度上促进经济的增长。

尽管很多经济学家对再分配还是存在着一些反对的声音，事实证明再分配政策并没有造成所谓的不良后果，即使一个国家再分配的力度再大，也不会导致人均收入增长减缓。由此可见，再分配真的是一种缩小贫富差距，实现地区与国民平等，推动国家经济与社会稳步发展的一项极为重要的措施，这也就意味着那些再分配措施"弊大于利"的言论会不攻自破。

裙带关系：造成不平等的一大因素

自古以来人们就对裙带关系深恶痛绝，多少平庸之辈凭借着裙带关系可以扶摇直上，获得更为优越的待遇。而一些才华横溢的人却被这些有裙带关系的人狠狠地"踩"在脚底下，为此他们常常感到不公平。正因为待遇的不平等最终导致了他们收入的不平等，逐渐拉大了贫富差距。

在西方资本主义的经济学领域，社会的很大一部分财富集中在某些富人的手中，他们子女的很多财富也是来源于继承家产，

第七章 不平等经济学：让人倍感失望的真相

这就拉大了富家子弟与寒门子弟的收入差距。经济学家们通过研究发现，当一个国家的收入不平等程度越大，这个国家的社会流动性就会越小，尽管一些富家子弟会选择一些低收入的行业或者不会去继承家产，但是总体而言绝大多数富家子弟会在收入水平上远远超过寒门子弟，两者之间会形成一道难以逾越的鸿沟。经济学家通过计算得出结论，家世显赫的后代与家境条件一般的后代若要实现收入平等至少需要 300～500 年的时间。

为了证实自己的结论，经济学家主要通过两种方法搜集了大量的数据。第一种方法则是搜寻某些姓氏与阶层之间的关系。通过搜索某一姓氏，发现该姓氏的家族所处的社会阶层为贵族阶层或精英阶层，为后代们继承家产提供了有利的条件。经济学家们还发现这些姓氏家族的后代绝大多数会选择继承庞大的家业，他们由此可以计算出长期的社会流动率。就拿美国而言，美国的财富几乎都集中在富人的手中，这就导致了统治阶级与平民阶级之间越来越不平等。

经济学家采用的第二种方法就是通过研究某些罕见姓氏在高阶层与中低阶层人群中所占比例高低的概率。经济学家会选择一个较为罕见的姓氏作为研究对象，发现这一姓氏的家族在某一特定时期非常富有，经济学家则会继续跟踪研究，观察这一姓氏的家族会演变成怎样的普通阶层。研究证明，这一姓氏的家族其经济优势几乎可以代代相传，由此可以看出，社会流动性与不平等程度有着密切的关系，不平等程度越高，社会流动性就越小。

为了提高社会流动性，很多人梦寐以求的是消除裙带关系，事实证明这不过是一种空想而已。作为经济生活中的普通一员，不要过高估计了社会流动性，现实情况是裙带关系永远无法从经济中消除。只要有资本主义社会的存在就有了阶级的划分，统治阶级与被统治阶级之间不可能实现完全的平等。只要有阶级的划分，就会有裙带关系的产生，一代人的收入水平会影响到至少两代人，贵族阶级的后代继承了大量的财产之后依然是贵族阶级，而平民阶级的后代由于没有更多的财产可以继承，自己赚钱的能力有限，这就导致了两者之间永远不会处在同一水平线上。

收入差距：危机的一大诱因

金融危机是一场无形的灾难，一旦来临就会对世界金融产生毁灭性的打击，无论是对发达国家还是对发展中国家而言都将是一场令人惊魂连连的噩梦。那么是哪一块土壤让这一噩梦诞生，并且开始向世界的金融发起猛烈攻击的呢？

经济学家古拉迈·拉詹认为之所以会造成金融危机，很大程度上是收入不平等所造成的。收入不平等就像是一块被施了魔法的土壤，专门用来培育惊人的噩梦，当各种条件都已经成熟，噩梦就会生根发芽开花结果，将果子的毒汁液溅洒向世界金融的各个角落，所溅之处必定千疮百孔，一片荒夷。

第七章 不平等经济学:让人倍感失望的真相

在我们的现实生活中,这种由收入不平等所引发的金融危机比比皆是。例如一个大户人家雇用了几个工人来管理自己的庄园,工人们付出了大量的劳动力,但是得到的报酬却很低。随着物价不断上涨,工人们越来越难以应付"物价上涨工资不涨"的局面,无奈之下只好向雇主借钱,雇主这时就会变本加厉地压榨工人。随着工人们借钱越来越多,工人与雇主之间的收入差距就会越来越大,工人们越来越不满足现状,与雇主的矛盾就会越来越大,直到双方关系出现危机。在这样的情况下,雇主就会让工人去干更多的工作来抵债,而工人们终将无法忍受重重压迫,奋起反抗,不再为其卖命工作,久而久之,雇主的庄园就会瘫痪。

经济学家通过深入细致的研究,搜集了大量数据来证明收入不平等与金融危机之间的关系。他们以美国的收入分配为对象进行了研究,发现在美国最高收入人群占总人数的1%,从1979年到1992年这段时间里,他们的收入增长了50%,而到2012年他们所占的比重比1979年高出了一倍,这样的增幅着实令人吃惊。这1%收入最高的人拥有群体总收入的五分之一,也就意味着占总人口万分之一的人群拥有总收入的二十五分之一,这样的收入反差足以证明在美国各收入阶层的不平等程度有多么严重。

经济学家经过研究还发现,不同国家之间收入不平等程度也存在着较大的差异。以美国和英国比较为例,调查发现在20世纪80年代英国的不平等上升程度远远超过了美国,在1979年到1992年这段时间里,英国的基尼系数上升了9个百分点,远远超过了美国，在 1992 年之后英国的不平等程度也有所上升，上升幅度不大。从各个国家不平等程度总体上升趋势来看，在扭转收入不平等这一现象上各个国家任重而道远，必须做好充足的准备才能将不平等降到最理想的程度。

为此，很多国家开始将关注的重点放到贫困上，认为只有消除贫困才能从根本上缓解这种不平等。这种理论得到了一致的认可与支持，很多国家也依此制定出很多政策来试图消除贫困。就拿美国为例，美国选择从购买力的角度来制定贫困线，从而使贫困率有所下降。但是不容忽略的一个问题是，随着人口数量的不断增加，贫困人口的基数也会发生变化，因此消除贫困这一项任务很难取得实质性进展。

由此可见，收入不平等这块土壤将一直存在下去。

税收：实现社会公平的一种方式

经济活动中一直存在着多种分配方式并存的局面，其中税收就是一项非常重要的分配方式，对于国家调节国民收入分配具有重要的推动作用。中国目前所推行的税种都是本着再分配，实现社会公平的一种分配关系，是以人们的根本利益为核心。

税收具有以下几大特征，从而让税收具有很高的辨识度。

1. 税收具有强制性

这是税收最为显著的一个特征，就像是一个人的脸上有一颗醒目的黑痣，让人过目难忘。所谓的强制性就是国家通过政权力量，颁布相关的法律或政令，强制性征收税金。无论个人还是社会团体，一旦负有纳税的义务就必须依法遵守。税法面前人人平等，任何不依法纳税的人都要被追究相应的责任，就像影视明星偷税漏税，给国家的税收收入造成了巨大的财政损失。这些案例都说明了税收的强制性不可撼动。

2. 税收具有无偿性

与其他分配方式不同的是，当企业和个人向国家缴纳一定的税收时，国家不需要向他们支付一定的报酬。这些税收将会成为国家财政的一部分，取之于民用之于民，用于一些重大工程的建设，造福于百姓。

3. 税收具有固定性

税收是国家按照政令指定的标准进行征收的，有固定的税率、税目、计算办法等，国家在征收的过程中要按照固定的标准进行征收，纳税人也必须按照固定的标准进行缴纳税款。任何一方都不能违背这些规定进行征收，否则税收就成为自由市场上讨价还价的一种方式，变得自由又随意。

税收的这三大特征相互依存，缺一不可，它们贯穿在税收的整个过程，起着极为重要的作用。无偿性是税收的本质特征，若要本质特征不被打破，强制性就是强有力的保障。任何人任何企业在法律法规面前都无法去违背，唯有如此国家才能持续进行征税活动。

1. 所得税

这是我国税制结构中的主体税种，这种税种主要包括个人所得税、企业所得税，企业或者个人要以收入的25%作为税收交给国家。当然，对于那些国家重点扶持的高新技术产业国家给予15%的政策优惠，而对于那些小型微利企业国家给予20%的政策支持，从而保证了这些企业可以更好更快地发展下去。

2. 财产税

所谓财产税就是指个人或者社会团体以自己所拥有的财产作为课税对象的一种税，主要包括遗产税、房产税、契税等各种税。

3. 资源税

所谓的资源税就是指国家向在我国境内从事资源开发的企业和个人所征收的一种税，这种税不仅仅向中国企业或个人征收，还包括国外的一些企业或个人。

4. 流转税

所谓流转税就是指国家以商品生产流转额和非生产流转额为课税对象所征收的一种税，包括增值税、关税等。

除此之外，国家还有其他税种，通过税收这一分配方式，让人人平等，获得幸福感。

第七章 不平等经济学：让人倍感失望的真相

财富转移：实现人人平等

在经济不平等的社会里，人人平等是一个非常能够得到支持的主张，很多经济学家一直都提倡实现收入的再分配，将国家富人的一部分财富转移到穷人身上。这种做法具有很大的现实意义。首先，当富人的钱财转移到穷人身上，穷人们由于长期受贫穷的压抑，一旦有了钱财就会马上将这些钱财消费掉，在很大程度上刺激了消费，拉动了经济增长。

对于很多资本主义国家而言，当国家将财富转移到穷人身上，竞选人就会在竞选中大占优势。富人毕竟只是少数，而穷人占绝大多数，当大多数的穷人把选票投给竞选人的时候，这个竞选人必将会稳操胜券。因此，很多经济学家一直都在支持这一主张。

对于大多数国民而言，财富转移符合他们的利益，自然会得到他们的拥护与支持。对于绝大多数国家而言，中低收入阶层的人占大多数，长期的仇富心理让他们急于将富人的财富转移到自己的口袋里，没有哪一个人不想去体验有钱人的生活，没有哪一个人会跟财富有仇。当富人的财富转移到穷人手里的时候，他们不仅在心理上感到平衡，而且能够最大限度地实现财富的自由，这对大多数中下阶层的人而言无疑是一件幸事。

但是，将财富转移实现人人平等真的可行吗？很大程度上这只是一个美丽的想象罢了。

从经济学的角度而言，财富转移也自然有一定的局限性。尽管收入不均衡现象依然存在着，但是人们对再分配的政策支持不变甚至会出现下降的趋势。这主要与国民的年龄有关。一个人在40岁以前对再分配政策的支持往往会与收入不均同步上升，当进入退休阶段的时候由于资金不再那样短缺，生活压力不是很大的时候，对再分配政策的支持就会降低。当一项政策缺少国民强有力的支持时，这项政策就会缺少推行力度。

有位经济学家曾经说过，将收入从富人转移到穷人的政策可能没有想象中的那么有效。事实证明的确如此。

政府的经济职能：政府能够为人民做些什么

利比亚发生内战以后，国家一度处于混乱的状态，经济、政治、文化等各项事业都惨遭重创。尤其是卡扎菲倒台以后，利比亚缺少一个强有力的政府来复苏百废待兴的国家，导致了国家近乎处于瘫痪的状态。

尽管利比亚政府也采取了相应的调控经济发展的措施，但收效甚微。究其原因是这些调控经济的措施不够有力有效，无法挽回大局，因此利比亚整个国家经济凋敝，人民生活苦不堪言，失业率、自杀率急剧上升。

当一个国家和地区经济发展出现问题时，政府要第一时间发挥出自己的宏观调控作用，充分发挥出自己的经济职能，让经济发展能够进入良性发展的快车道。上述案例中，利比亚政府由于没有很好地发挥出自己的宏观调控作用，导致了国家经济陷入泥潭。那么，政府有哪些经济职能呢？

1. 资源配置职能

政府可以引导人力、物力、财力等社会资源形成一定的经济结构，实现资源的优化与配置，大大提高资源的使用效率。改革开放三十年来，我国政府就充分发挥出宏观调控作用，将人力物力财力资源进行优化配置，其中最典型的案例就是大兴交通设施建设。通过这一举措，不仅解决了百姓出行难的问题，同时还解决了很多就业问题，于国家于人民都大有裨益。

2. 收入分配职能

很多国家和地区都存在着收入分配不合理、差距较大的现象，政府通过发挥收入分配职能，缩小各地区、各单位以及各位社会成员之间的收入差距，最大限度实现社会公平。

一个强有力的政府必须具备这些经济职能，但这并不意味着政府一定会发挥出这些职能，在一些经济落后的国家，很多时候政府结构涣散，凝聚力不足，不把人民的利益放在首要位置，政府的经济职能就形同虚设。

在很多社会经济活动中，一些人的利益会受到很大的损害，究其原因是这些人民缺少一个良好的法制环境做保障，当出现相关的经济纠纷的时候，人民就无法依靠法律来维护自身的合法利益。因此，政府要为社会经济活动提供法制环境。同时，政府要时刻把人民的利益放在首要位置上，为了避免社会个体之间收入差距较大，政府要为那些低收入群体提供基本的社会保障，尤其是当这些低收入阶层的人民失业的时候，政府要给予相应的补贴，给予失业人员相应的职业培训与职业规划指导，帮助他们渡过难关。我国在这些方面就做得最好。

3. 合理划定各级政府职能

事实证明，只有合理划定各级政府的职能，明确财政支出的范畴，才能避免政府之间的相互掣肘，最大限度地发挥出政府的职能来。

政府归根结底是人民的政府，要将人民的利益放在首要位置上，在市场经济体制下，政府要充分发挥出自己的经济职能，让人民的利益得到最切实的保障。

第八章

教育经济学：一项物超所值的投资

你在为颜值投资，为生意投资，可是这些投资也许并不会取得预期的收益。容颜终会老去，生意也许会失败。为教育投资吧，这是最明智的选择，终身学习，终生收益，千万别吃了没文化的亏。

教育投资：真的物超所值

曾经流传着一个放羊娃的故事，一个记者曾经采访过一个放羊娃，当问及放羊干什么，放羊娃回答"挣钱"；当问及挣钱干什么，放羊娃回答"娶媳妇"；当问及娶媳妇干什么，放羊娃回答"生娃"；当问及生娃干什么的时候，放羊娃回答"继续放羊"。

这个陈旧的故事乍一读让人忍俊不禁，再读之就让人有些心酸了。以前，贫困地区的人们由于从思想上不重视教育，因此，他们对劳动价值的认识就只能停留在"放羊"这一层面上。尽管放羊的确也会带来一定的价值，但是周而复始下去，他们的劳动价值并不会有本质的变化，因为人力资本并没有增值。也许很多年之后，他们依然陷在"放羊"这个恶性循环当中，世世代代都无法摆脱贫困的枷锁。

如今，一些落后地区都搞起了精准扶贫，农民们收入提升了，孩子们都有机会接受教育。很多孩子都考上大学，掌握了一技之长，在社会上谋得一份不错的工作，实现了人生的逆袭。

尽管教育投资的确需要一笔不菲的费用，但是有一点不容忽略的是教育投资是回报率最高的投资。主要表现在以下两个方面。

1. 一个人所受的教育往往与个人收入成正比

一个年轻人18岁就参加工作,由于学历不高也没有一技之长只能在一家工厂里做装卸工,工作脏累不说,每月的工资也只有2600元。但是他平日里爱鼓捣电脑,喜欢学一些这方面的技能与知识。一次他在报纸上看到某电脑学校招收学员,有动漫设计、软件开发、装潢设计等专业,学费基本维持在8000元/年,学制两年。一开始他并不想报名学习,因为学费挺贵。两年的学费是自己将近7个月的工资,怕打水漂。思考再三,他还是咬牙报了动漫设计专业。开始学习以后,他才发现自己是如此热爱这个专业,因此学起来也极为投入。当他学成以后,很多单位都纷纷向他抛出了橄榄枝,他选择了一家实力较强的单位卖力地工作着,当拿到第一个月的工资时,他惊呆了,15000元,这可是做装卸工时半年的工资,也是他将近两年的学费。后来他越做越好,在城里买了房子,把父母接过来住,让他们过上舒适的生活。他投入了16000元学习动漫设计,最终收获了一个幸福的人生,真的物超所值。

2. 接受教育能够开阔眼界和增长见识

知识就像是一块块垫脚石,把一个人越垫越高,站得高方能看得远。倘若一个高中生和一个大学生同在一家小型广告公司工作,高中生可能只会将老板交付给他的任务保质保量完成,大学生在完成任务的同时,还会悄悄观察老板是如何管理这个广告公司、是如何联系业务，在跟客户商谈的时候又是如何最大限度保护自己利益的。

等时机成熟，他就可以辞职自己开一家广告公司。随着公司的不断发展，他就要考虑到公司下一步的发展规划，是不是可以在另一个地段开一家分店，或者进一步扩大公司的经营范围甚至将公司改成文化传媒公司，不仅做广告还做自媒体等，如此一来他的经营疆域就会不断扩张，形成一个小小的"商业帝国"。而那个几年前和他一起共事的高中生，或许还在那家公司默默工作着，或者嫌弃工资太少被迫改行。

两人之所以有着天壤之别，就是因为看待事物的眼界和角度不同。那位大学生因为学习了更多的知识，一旦有商机出现就会触动他最为敏感的神经。

当然，这并不意味着一个人离开了学校就无法接受教育，进行学习。教育的渠道有多种，学习的方式也是多样化的。如果一个人对自媒体营销感兴趣，完全可以投入财力与精力去学习，通过一段时间的学习后他掌握了一些自媒体营销的技巧与方法，通过吸引大量流量，拥有无数粉丝，就可以吸引商家前来投放广告，赚取广告费等。一个人并不需要投资太多金钱才能有收益，例如一个人爱阅读，他只需要到图书馆借阅书籍，在阅读的过程中就有可能从这本书中得到启发。贾樟柯导演就是无意中看到了一本朦胧诗选，才触动了他那颗热爱艺术的心，直接改变了他的人生轨迹，让他获得巨大的成功。

第八章 教育经济学：一项物超所值的投资

教育投资带来的效益也许并不是立竿见影的，但有一点我们必须相信，教育必将带来长期的效益。当一个人技能与知识准备充足，一旦机会来临他们必将大显身手，成为人生的赢家。

考研：就一定能增值吗

马鑫本科毕业后，一直没找到理想的工作，非常郁闷。当他看到有的同学考上研究生，内心就开始蠢蠢欲动。他想，那位同学本科期间学习成绩并不如自己，他能考上研究生，那么自己也就没有太大的问题。

可是，问题也随之而来，考研不仅需要花费很多的时间、精力，而且还需要一定的考研费用。即使考上研究生，那么读研期间的费用又将是一笔不小的数目，即使顺利毕业，那么找工作依然是一个严峻的问题，毕业后就一定能找到理想的工作吗？

马鑫陷进了矛盾的巨大旋涡。

由马鑫这一案例，我们也许会问考研真的值得吗？

按照经济学的观点来看，考研需要付出一定的投资成本，这成本包括时间成本，精力、体力成本，还包括资金成本。很多学生考来考去也没有考上，最终放弃了考研之路，白白浪费了很多的资源。而有的学生即使考上研究生，求学期间的费用以及毕业后无法找到理想的工作，也将会成为一种潜在的风险。

很多本科毕业生，为了考研梦付出了很大的代价。在为考研背水一战期间，他们也许不上班，所有的费用都是由父母来支持。两三年时间过去了，很多同龄人也许在自己的本职岗位上已做出了成绩，而这些考研的学生无论他们考上与否，都比别人落下了一段距离。即使他们考上研究生顺利毕业了，倘若依然没有找到理想的工作，那么他们会比别人落下得更远。专家们为此得出了结论，如果考生们对自己所要付出的代价没有充分的心理准备或者即使考上研究生所学到的知识与技能都无法学以致用的话，考研不仅不会为自己增值，反而会成为一种负担。

鉴于这种情况，考生们要转变自己的思想观念。考研的确是让自己文化素养与专业技能得到提升的一个很好的途径，但是任何考生在考研时一定不要盲目。考研之前，考生要明白考研的目的是什么？是单纯为了逃避本科毕业难找工作的现状还是为了提升自己的文化素养、专业技能，还是把学历当作自我炫耀的一种资本。如果考生对考研的目的没有一个正确的认识，就不要盲目行动，而应认真分析每一个考研目的的利弊，唯其如此才能让考研变得有意义。

同时，考生们还要认真分析出自己考上研究生以后所学专业的含金量以及就业的方向问题。很多人为了考上研究生，往往会选择一些较为冷门的专业，这样提高了考中率，但是问题也随之而来，该专业是否真正适合自己，毕业后这一专业是否能够找到对口的工作，假如毕业后依旧难找工作，所有的心血都将付诸东流。

本科毕业生不要妄自菲薄,要认识到自己存在的价值。尽管本科学历在当今社会并不是高学历,但是同样拥有存在的价值。尽管本科毕业生的就业情况不容乐观,但是据相关资料显示,本科毕业生的就业率依然占据50%,如果自己成为这其中的一部分,自己在本职岗位上工作一段时间,将会收获几年的工作经验与技能。如果不幸成为另一部分,人生中所遭遇的挫折依旧是一种宝贵的人生财富。

当然,事情积极的一面总是大于悲观的一面。大多数考生在考研之前就对今后的人生之路做好了规划,他们努力考研,选择了一个适合自己的专业,毕业后找到了一份理想的工作,获得了较高的收入。事实上,从事科研工作的人员,考研是必须的选择。

本科毕业生们要正确看待考研这一问题,要根据自己的实际情况,对考研做出正确的分析与判断,盲目行事只会离最初的目标越来越远。唯有未雨绸缪,方能让考研成为人生中增添光彩的一道彩虹。

教育经营:朋友圈里的营销链

中郭先生是一个极为出色的心理咨询培训师,为了推广自己的课程获得更大的收益,他就在荔枝微课这一平台开通了自己的网络授课班。由于刚刚开通,报名的学员并不多,后来他就想出了一个"转发免费送课"的方式,让更多的学员报名参加。他在自己朋友圈里晒出了自己课程的二维码,并在上面配上了一段文字。他说凡是转发到朋友圈点赞量超过二十个,就免费送一期的课程(一月一期)。如果转发朋友圈能让学员报名学习,就免费送两期。

当他发出以后,朋友就开始转发,接下来一传十,十传百,越来越多的人报名学习了这次课程,尽管很多人是免费报名,但是毕竟提高了中郭先生的知名度,也扩大了其影响半径。小试牛刀以后,中郭先生又让学员们在自己朋友圈里晒出对课程的优质评价,凭截图可以获得由中郭先生亲自编写的《心理学的实际应用》一书,很多人看到这些评价之后,就开始对中郭先生的这门课程感兴趣,就这样学员越来越多,收益也越来越大。

中郭先生的荔枝微课教学业务就是通过口口相传的方式来不断扩大的,这就是所谓的口碑效应。所谓口碑效应就是指消费者通过亲朋好友的相互交流与沟通,从而获得对某件商品或某个商家的满意度。现实生活中这种口碑效应比比皆是,不光应用到教育投资与经营上,同时还适用于其他领域。三五好友要去外面大吃一顿,向那些资深的美食家打听到原来市北区有家驴肉火烧特别好吃,于是大家就一路向北;有些人业余时间想丰富自己的生活,就打算学一些面塑、插花等手艺,通过向闺蜜打听原来市中心大厦有一家培训机构培训效果不错,大家就慕名前往;有人想买一台打印机给孩子打印作文或者复印资料，就向同事们打听哪一款打印机性价比更高一些等。人们通过这种口口相传的方式来提高对某一商家或某件商品的认识，从而提高自己的满意度。

微信营销专家杜子建先生不仅是一名成功的企业家，同时还是一个资深的讲师、励志学家、教育专家。他曾经在一次创业者培训大会上推荐过《影响力》这本书，讲述这本书对自己所产生的重要影响，让自己的思维实现了质变。经过这一推荐，台下的很多企业家、创业者们都开始购买这本书学习，很多人读完后深受启发，于是又推荐给自己的员工或者其他人，就这样《影响力》这本书由原先的无人问津变成了众多企业家、创业者、管理人员们争相阅读，销量大幅增加。

国内一位非常具有人文情怀的摇滚歌手许巍，他的《每一刻都是崭新的》这张专辑仅仅是通过乐迷的口口相传就达到了很不错的销量，在这个唱片已死的年代里创造了唱片销售的一个小奇迹。无论是《影响力》这本书还是《每一刻都是崭新的》这张专辑都是通过口碑营销这一渠道获得了较大的成功。

就拿文章开头中郭先生的案例来讲，如果他的心理学课程毫无意义，学员们自然不会买单，就不会在朋友圈里形成一条口口相传的营销链。没有人会为一款质量很差的商品做口头宣传，否则就是在为自己找麻烦。

在这样一个市场经济的时代里，每一个消费者，同时也是一个生产者。也许你会认为这是"自产自销"？当然不是。当一个消费者在进行消费的时候，他就会对一件商品做出评价。渐渐地，一件商品在消费者心中的性价比就会定型。当另一个消费者想要购买该商品时，这一消费者就会给出意见，事实上他已经扮演了生产者的角色，在为这一商品做宣传，尽管他没有直接卖货，但是自己无形之中已经提供了该产品的信息。当前，市场竞争日益激烈，优胜劣汰的原则日益凸显，任何企业若要引起消费者的关注，就必须努力打造出自己的品牌效应，让自己的产品成为引领行业的风向标。只有当产品得到了消费者的高度认可，他们才会为该产品宣传。

在经济生活中，我们要成为"中郭先生"，不仅能够打造出高品质的教育产品来，还能够通过口碑营销的方式来提高自己产品的知名度。机会总是留给那些行业内的佼佼者，若要在激烈的竞争之林中站稳脚跟，作为生产者要做的就是打造出产品的品牌效应，让产品闪耀出耀眼的光辉。

理性投资：寻找一位牧羊人

现在越来越多的人开始注重教育投资与消费，无论是学生还是应届毕业生、职场中打拼的人，他们都会选择通过教育为自己充电，提升自己的"内存"，提高自己的配置，拥有一个了无遗憾的人生。各类辅导班、培训班、函授班、自考班等应运而生，人们趋之若鹜，认为别人选择的就是适合自己的，别人消费的就是好的，结果往往会大失所望。

若用经济学的相关原理来解释这一现象，是羊群效应在作怪。所谓羊群效应是指消费群体在消费过程中会盲目从众，跟风消费。作为一个成年人，应该具备理性思考与独立判断的能力，不能人云亦云，步人后尘。尤其是在消费过程中消费者要明白自己真正所需，而不是看到他人在消费某产品自己就趋之若鹜。就像当一只羊突然往前跑的时候，其他的羊都会紧随其后一样。

在生活中就有很多这样的"羊"，它们没有判断力，缺乏思考，看到前方有一片绿就蜂拥而上，不管那片绿是不是适合自己的口味。有些人明明不适合考土建工程师，发现他人报名学习，自己也报名，结果考来考去没有考上，白白浪费了时间、金钱；有些人还没有考虑清楚未来的职业之路该怎么走，看到同学出国留学自己也出国，结果在国外浑浑噩噩混了几年，回国后一无所长。

面对这样的现象，在消费的过程中就应该有一位牧羊人挥动起那一根鞭子，时刻纠正这群"羊"的方向，让它们不会乱跑，不会迷路，白天吃得饱饱的，晚上安全回到羊圈。那么这位牧羊人就是"理性"，唯有理性才能够让消费者在消费之前做出正确判断，克服购物的冲动，不被"魔鬼"牵着鼻子走；唯有理性才能够让消费者三思而后行，不会造成事后诸葛亮的窘态；唯有理性才会让消费者们合理购物，科学理财，做经济生活中的赢家。

王先生的孩子已经 7 岁，当别人家的孩子都开始报各种辅导班的时候，王先生也为孩子报了游泳、绘画、写作、书法四项。王先生常说别人家孩子有的咱家孩子也不能落下。

每到星期天王先生都要按时到各个辅导学校去接送孩子。王先生是"痛并快乐着"，尽管上这些辅导项目每年需要不少费用，但是"一切都是为了孩子，为了孩子的一切"，所以花点钱也值得。

但是有一天，他彻底改变了这种想法。那天孩子感冒了，王先生很是心疼，没想到孩子却挺开心。孩子说："太好了，终于可以不用上辅导班了。"王先生听后恍然大悟，原来孩子并不喜欢学这些科目，学习对他而言已经成为一种负担。自己当初没有考虑过孩子真正的兴趣，只是随大流看到别人家的孩子学什么就给孩子报名学什么，这真是一种典型的盲目从众消费。

每位家长"望子成龙，望女成凤"的心态完全可以理解，天底下所有的父母都希望拿出自己的全部力量去帮助孩子们成才成器，将来能够活得精彩。但是这并不意味着适合他人的就是适合自己的，有些孩子可能喜欢唱歌、跳舞，拥有了一定的才艺在众人面前博得赞美与掌声，但是有些孩子可能对这些并不感兴趣，他可能更喜欢看一个汽车修理工人修车或者喜欢看一位电工师傅去鼓捣那些插排、线路。这并不等于自己的孩子就低人一等，每个孩子都有自己的成才之路。只有找到真正属于自己的那把刷子才能将人生涂鸦成一件艺术品，让自己可以活出自己想要的样子，

第八章 教育经济学：一项物超所值的投资

而不仅仅是一个按部就班不懂创新的"粉刷匠"。

家长为孩子报辅导班未尝不可，但前提是家长必须清楚孩子真正喜欢什么科目，擅长什么科目。如果一个孩子对数字天生排斥，就不要报奥数班；如果一个孩子天生就没有音乐细胞，就不要让他硬着头皮去学电子琴、架子鼓；如果孩子像蒋方舟一样从小就热爱文字，喜欢写作，家长就要有针对性地请名师为孩子在写作路上指点迷津，假以时日孩子必将会成为一位小有名气的作家。家长们在消费之前要懂得理性判断，冷静分析，将钱花在合理的地方，使其发挥出应有的价值。

投资与回报：充电的力量

张斌是市场营销专业的一名学生，毕业后在一家化肥厂营销部工作。由于工厂效益本身就不太好，再加上张斌的性格并不太适合做这一工作，导致他不仅没有赚到多少钱，而且感到身心交瘁。

张斌今年快30岁，房子至今没有着落，为此他非常苦恼，夜里常常辗转难眠，他总是在想自己该做些什么工作能够多赚一些钱呢？一天，张斌走在大街上，接过一张传单，传单上写着某培训班正在培训很多技能，广告设计、软件开发、动漫设计等。

张斌想到自己对动漫一直都很感兴趣，于是就抱着试一试的心态报名学习了动漫设计，在学习的过程中张斌感到非常充实，学得也非常扎实。学成后，他在一家动漫公司做设计，每月的薪水都上万，这让自己的生活水平发生了翻天覆地的变化。

张斌正是不甘于现状才会到培训班进行充电，通过充电让自己掌握了一项专业技能，让自己的人生实现了逆袭。假如张斌没有进行充电，那么他将继续重复过去的人生之路，生活在一片无望与痛苦之中。

当今社会，人才市场竞争非常激烈，倘若没有较为过硬的专业技能作为自己强有力的武器，最终会被淘汰出局。为什么很多人在单位会面临被解雇的厄运，为什么有些人会遭遇可怕的中年下岗危机，很大程度上是因为他们缺乏一项过硬的专业技能，不能为自己增值，无法成为单位不可或缺的一员，因此被替代性很大。

还有一部分人尽管看起来也很努力，他们学习各种各样的技能，上五花八门的培训班，结果到头来才发现这些技能并不适合自己，浪费了时间，浪费了精力，浪费了金钱，最终一无所获，对自己的职业生涯并没有实质性的帮助。

刘元本科毕业后找工作一直都不太顺利，屡屡碰壁后他意识到是自己的学历不占优势的缘故。于是，他不再找工作了，专心去考研，为了能提高考中率，他花了很多钱在考研机构里学习。

通过努力，自己也考上了上海的一所大学的研究生，求学期间所有的学杂费都是由父母支持，这让原本家境就不富裕的家庭

第八章 教育经济学：一项物超所值的投资

更是雪上加霜。家人都指望着刘元能够赶紧毕业找个好工作，但是结果并没有想象中的那样美好。由于所学的专业是比较文学，毕业后很难找到对口的工作，一些不对口的工作刘元又不愿去做，这就导致他始终处于待业的状态，与本科毕业那会儿一样。

刘元非常痛苦，自己折腾来折腾去不过是竹篮打水一场空。

充电是一种理性行为，决不能冲动行事。刘元的行为就有欠缺，他考研很大程度上是为了逃避本科毕业找工作难的现状，在考研之前他并没有对就业形势做出冷静的分析与判断，最终选择了一个冷门的专业，最终导致了职业道路走得不够顺利。那么，如何给自己进行理性充电呢？

1. 对自己的长板与短板有一个准确的定位与认识

五音不全的人并不适合做歌手，体格羸弱的人并不适合搞体育，天生对数字不敏感的人不适合做会计，动手能力不够强大的人不适合做一些技术性较强的工种……一个人只有对自己的长板与短板有一个正确的认识，才能明确今后努力的方向与目标。所谓方向不对，努力白费；方向正确，事半功倍。只有找准自己的路标，才能在这条路上一直走下去，去寻找那片美丽的风景。

2. 对当今社会的职业发展趋势有一个准确的把握

一个求职者要时刻关注所在行业对工作人员的职业需求，不断做出调整，不断改变，不断更新自己的知识与技能，不断提升自己的工作能力，从而随时适应职业需求。求职者要随时根据职业发展的需求，进行相应的充电，从而切实提升自己的职业发展能力。

与此同时,一个求职者要选择最为合理的充电方式。有些人双休,那么就要充分利用起这段时间进行学习;有些人没有双休日,那么就要利用起晚上这段时间进行充电;还有些人不双休,晚上也不清闲,每周轮休,那么就要与培训班老师做好沟通,将时间进行合理的安排。

当一个求职者意识到充电的重要性,并且选择了正确的充电方法与方式,那么这样的充电就是有效充电,会对求职者的职业发展起到一个积极的推动作用。

第九章

家庭经济学：当家方知柴米贵

家庭作为社会最小的单位，构建出国家这个大家庭。一个家庭若要构建好，就离不开必要的开支，因此抓好家庭经济就成为"管家"一项非常重要的任务。如何抓好家务经济，如何做好育儿投资，如何做好退休规划，都将是一门值得深思的学问。

财政开支：谁来掌管财政大权

近段时间，隔壁夫妻俩吵得不可开交，大半夜就能听见两人的唇枪舌剑。后来才明白，这两人是在为谁来当家这一话题展开激烈的争论。隔壁家一直都是女方当家，她一手独掌财政大权，家里的各项开支都要经过她的同意，甚至老公要买盒烟，出去和朋友们吃顿烧烤都要向她申请"资金"。

女方给孩子报了各种培训班，舞蹈、游泳、唱歌等，花了一笔不小的费用。而男方就非常反对，他认为给孩子报这么多培训班，不仅给孩子造成负担，更重要的是没必要花这么多钱，本来家里就不富裕，这样大的支出让家庭压力更大。而女方为了孩子的前途执意要报各种班，双方在这笔教育费用的支出上产生了较大分歧。

现实生活中经常会发生这样的现象，夫妻双方在家庭开支问题上产生分歧，最终导致两人的关系恶化。有些男性花钱大手大脚，在外面看见什么就想买什么，而妻子看不惯责备他不会过日子；有些女性因为有一颗极为强大的爱美之心，就经常到美容院

第九章　家庭经济学：当家方知柴米贵

做保养或者到理发店做头发，丈夫看见有些不满，就开始数落妻子："上次明明烫卷曲了，这次却要拉直，你这不是白花钱吗？"有些人喜欢炒股，投入了很多资金，结果赚钱的时候总在少数，夫妻就经常为这事吵架斗嘴等，像这样的现象数不胜数。

　　谈恋爱的时候，双方不会去考虑开支问题，他们还没有卷入到柴米油盐的羁绊与旋涡当中。每天只需要开心吃喝，开心玩乐，然后沉浸在对美好生活的憧憬与幻想之中。在他们的想象里，婚后的生活将会多么浪漫，多么温馨，多么独一无二。可真的走入围城以后，他们才发现婚姻与恋爱真的是两个概念。如果把恋爱比作是两只蝴蝶双双飞上天，婚姻则是这两只蝴蝶落地。自从两人开始婚姻生活后，他们就无法避免"柴米油盐酱醋茶"这七件事，每一件都需要金钱来支撑，否则这个家庭无法运转。

　　有些人在恋爱时如胶似漆，但是结婚后却两天一小吵，五天一大吵，最终却落得个劳燕分飞的结局。婚姻像鲜花，再美丽也要扎根在物质的土壤，现在越来越多的人在选择结婚对象的时候，会将经济条件作为重要的参考指标，很大程度上是因为结婚将面临家庭开支的问题。婚姻已经不是最初的卿卿我我，山盟海誓，而是要踏踏实实过日子。房贷、水电费、孩子的奶粉钱、汽车加油的钱、赡养父母的钱等，这些费用加起来将会是一笔不小的开支。试想一下，夫妻双方拿不出这笔钱来将会是什么样的结局。也许妻子会不停数落丈夫没本事，这位丈夫能够容忍这一切，夫妻双方关系尚不会出现太大的裂缝。如果丈夫是个暴脾气，很有可能与妻子大吵一顿甚至大打出手，这段婚姻也极有可能因此破裂。一个人的挣钱能力可能有限，但是理财的能力却可以提高。在家庭生活中，选出一个合适的"财政大臣"掌管家庭的财政就显得尤为必要。

随着人们生活水平的提高，对"财政大臣"的理财能力要求也相应地提高。原先一个家庭的"财政大臣"主要负责合理安排各项费用支出，如果他是一个合格的"财政大臣"，就会将每月各项费用支出列出来，然后提前将各项费用留出来，这些基础性的消费就会得到保障。如果一个家庭到月底发现连给汽车加油的钱都没有，并不能怪夫妻双方收入太低，要怪就怪这位"财政大臣"没有合理理财。现在，一位普通员工的月收入基本上在五千元左右，两位员工的月收入总和在万元左右，这笔收入完全可以应对家庭日常的各项开支。如果连加油钱都没有的话，只能是这对夫妻在其他项目消费过多所致，"财政大臣"没有做好监督工作。"财政大臣"不仅要对各项费用支出做好规划，同时还要做好攒钱工作，为家庭留一笔"库存"，以备不时之需。很多家庭之所以急用钱时拿不出钱，很大程度上就是因为家庭缺少这笔库存。一个合格的"财政大臣"还要懂得储蓄，为家庭留一笔"灵活资金"。

通常情况下，女性由于心思缜密更擅长管理家用，但是随着国内市场的不断开放，理财的内涵已经越来越深厚。理财形式越来越丰富多样，股票、债券、基金等形式已经得到了越来越多人的认可，面对这些理财方式女性就开始有些力不从心，男性从女性手里接过这根"权杖",接管家庭的财政大权。与一分一分攒钱过日子相比,男性们对宏观经济更感兴趣,更愿意花较多的时间投入到金融、经济知识的研究与学习上,他们对理财的认识有着很大的前瞻性。生活中我们会发现有很多男性靠炒股发财,而女性就较少。男性有着更大的野心,有着更大的胆量,更大的智慧,更大的应变能力,当他们发现较大的赚钱机会,绝不会轻易放过。

无论是男性还是女性,都有着较强的理财能力,只不过是每个人所擅长的板块不同而已。女性更加擅长管理家庭各项日常支出的费用,而男性更加擅长管理宏观经济,如果女性理财是最大限度减少家庭开支,是节流,男性的理财则是最大限度地增加开支,是开源。夫妻两人在今后的家庭生活要做好各自的分工,避免理财上的冲突。

家务经济:雇个保姆真划算

最近大飞要雇个保姆来照顾生病的老爹,爹知道后非常反对:"孩子,雇保姆要花钱,你跟你媳妇照顾我就可以了,这样能省下不少钱。"大飞对老爹说:"爹,你算错账了,你以前也在农村当大队会计,怎么连这个账都算不明白呢?"老爹一脸困惑。

大飞耐心给老爹算起了一笔账,现在雇佣一个保姆一个月大约需要3000元,假如每月休息四天,就意味着这位保姆二十六天赚3000元，假如按照八小时工作制来算的话，她每小时的收入为14元左右。而大飞是一名自由撰稿人，月收入为10000元左右，假如同样按每月休息四天，每天工作八小时来计算的话，他每小时的收入为48元左右。

假如每天照顾老爹需要三个小时，大飞只需要支付保姆42元，而大飞利用这三小时就可以赚144元，这就是说减去支付给保姆的费用，他每天还可以多赚102元。假如按照老爹的意思，不雇佣保姆而是大飞亲自照顾，言外之意就是大飞要损失102元。老爹听后，恍然大悟，这么一算的话，还是雇个保姆更划算。

在这一案例中，大飞就合理地安排了工作时间与家务劳动时间，保证了自己得到最大的收益。雇一个保姆看似是损失了一部分利益，仔细计算大飞的劳动时间，其价值远远大于保姆的劳动时间价值，雇一个保姆稳赚不赔。这就是所谓的家务经济，家务经济主要包括家务劳动和家庭生产与经营活动。

一个家庭若要搞好家务经济，既要将各种家务活做好，同时还要将家庭生产这一项目做得风生水起。一个家庭成员倘若够勤快的话，他就会将洗衣做饭拖地照顾孩子等家务劳动做得有板有眼。他还要搞好各种"副业"，用源源不断的外快收入来填充自己的腰包。

一个普通的工薪阶层的女性，上班之余可以做微商，出售女性用的内衣、口红、卫生巾等物品，一天走三单，日积月累也将是一笔不菲的收入。很多做得比较成功的微商，每月的外快早就

第九章　家庭经济学：当家方知柴米贵

超过了工资；一个机关退休的老者专门搞起了书法、绘画，技艺日臻完善，在当地的书画界已经是小有名气，很多企事业单位都会邀请他去题字作画，他可以赚一笔可观的润笔费；一些对投资理财感兴趣的人，他们可以利用手上的闲钱来炒股，买基金、国债等，尽管存在着一定的风险，但是一些经验丰富的人可以让手中的钱像滚雪球一样越滚越大；还有一些人喜欢收藏，收藏了一些有价值的物件后再倒卖出去，尽管永远达不到马未都的水平，但是依然可以小赚一笔。

这些家庭生产经营活动，能够给家庭带来收入，改善家庭成员的生活现状。任何人都不会与钱为敌，但却有可能因为没钱而树敌。试想一下，一个男性本应该像一棵大树一样，为家人们带来荫凉，结果连养家的担子都挑不动，那么妻子怎么会不抱怨连天，孩子又怎能幸福地生活学习，家庭氛围又怎能和睦温馨？因此，搞好家庭生产经营可以在某种程度上增进家人们的感情。

有些人也许会说，既然家庭生产经营能够带来这么可观的收入，还有必要去做那些无休止的毫无技术含量的家务活吗？的确，像做饭、洗衣、拖地、刷盘子这些家务活简单重复无创造性，抱孩子往往会抱得胳膊酸痛，照顾老人往往会照顾一宿，第二天上班精力匮乏，体力不支等，这些家务活干起来真的不能为家庭成员们带来较为可观的收益，但是却能够减少家庭的开支。我们会发现很多家庭主妇们每天都有忙不完的家务活，干完这又干那，难道她们傻，尽做些无用功？当然不是。她们如此热衷于做家务除了自身的勤快以外，还有很大的经济因素。

通常情况下，对于那些收入较低的家庭成员来说，他们没有太大的经济承受能力与支付能力，对于一些力所能及的家务活根本没必要雇人来做。同时，他们的劳动价值与时间价值都比较小，从家务经济的角度来看，购买家务劳动只会让他们损失掉更大的利益。如果一个工厂的普通工人在过年大扫除的时候雇一位家政嫂来擦玻璃，他会损失掉一定的利益。一般情况下，家政嫂按每小时 35 元的价格来收费，而一位普通的工厂工人每小时可能收入是 15 元，如果他自己擦玻璃的话，也就意味着每小时会节省 20 元的开支。对于一个普通的工人家庭而言，20 元可能是全家人一顿晚餐的费用，能省则省。

当然，对于那些收入较高、劳动价值较大的家庭而言，花费太多的时间从事一些较为低级、劳动强度较大的家务活是一种得不偿失的做法。一些从事软件开发、动漫设计、绘画，以及一些收入很高的白领金领，对他们而言时间就是金钱，效率就是生命。如果他们去从事这些家务活动，就会大大降低劳动价值，带来一定的利益损失。就像文章开头案例中的大飞，如果他每天拿出一定的时间照顾老爹，自己每小时将会损失 34 元的收入。当然，照顾老人，是子女义不容辞的责任，也是无法用金钱来衡量的。

对我们而言，家务活动在生活中是一件很不起眼但却密不可分的活动，至于该不该从事这项活动不同的人群会有不同的参评标准。无论是哪一类人群，都会找到最适合自己的搞好家务经济的方式,从而让自己的经济生活萌发出小小的绿意。

育儿投资:可怜天下父母心

作为父母近乎倾其所有在孩子的养育上投下了巨大的投资,让孩子接受学校教育,上各式各样的培训班、补习班,参加夏令营等各种社会活动,买各种衣服,吃美味的食品,生病住院等。如果这个孩子在学习上比较突出,他就有可能从小学一路读到博士,这期间的所有费用几乎都是父母来支付。对一个经济条件比较优裕的家庭而言还可以承受,对于那些没有太多收入来源的困难家庭而言这将是一笔天文数字,这些钱全是父母省吃俭用一分一分攒出来的,如果这个孩子毕业后能找到一个理想的工作,赚到高额的收入,那么父母的投资就没有白费。但现实往往令人失望,很多父母含辛茹苦把孩子养大希望他能找个好工作,但是很多孩子不仅没有找到理想的工作,买房买车甚至办婚礼的钱都要父母来支付,可见父母在育儿投资上带有很大的风险。

养育孩子从经济学角度而言同样要遵循成本—收益的原则,无论是贫困家庭还是富裕家庭都希望自己的孩子可以不断增加自身价值,将来能够在市场上收获较大的收益。就拿贫困的家庭而言,尽管经济承受能力有限,但是父母为了孩子能有一个美好的将来,会竭尽全力。天底下哪个父母不希望自己的孩子将来有出息，尤其是那些经济条件不理想的家庭，这种想法更为迫切，他们不希望自己的孩子将来仍像自己一样时间价值低，劳动价值小，过受苦受累的日子。而那些经济条件好的家庭他们有着较高的经济支付能力，养育孩子伊始就带有一种强烈的"精英意识"，他们希望孩子们比自己还要优秀，即使将来不能够超越自己，起码也不能低于自己。他们会利用自己的优越条件，在孩子的养育上大成本投资，不仅让孩子们的日常生活过得舒心舒适，而且还要孩子们接受精英教育，不仅可以拥有较高的求生技能，同时还能够拥有较高的综合素养。

当然，投资大并不等于收益大，一个孩子将来能否有出息，成为人生的赢家，需要具备天时地利人和各种因素。很多困难的家庭辛辛苦苦供一个大学生毕业，希望他能光宗耀祖，为这个家庭带来一线希望与曙光，结果这个孩子毕业后一直无法找到理想的工作，每月赚到的钱甚至不如一个工厂的普通工人赚得多。富裕家庭也是一样，他们付出巨大的成本并不等于就一定能够获得巨大的收益。

现在很多家庭多为独生子女，娇生惯养，独立生活的能力很差。很多父母对这些孩子过于溺爱，孩子想要什么父母就会最大限度满足，以为这就是最好的爱。殊不知，这样做无异是在助长孩子们的自私心理，也无法培养出孩子们独立生活的能力。不难发现，但凡有所建树获得较好口碑的孩子，不仅仅是拥有高学历高技能，更重要的是他们自小就培养出来一种自立自强，为他人考虑的性格,而那些自私自利从来不会站在对方立场上考虑问题的孩子往往难以取得太大的成就,甚至还会自毁前程。家长对孩子的投资要适可而止,不要无限量进行投资,否则孩子体会不到生活的艰辛,赚钱的不易。同时父母投资还要把钱花在刀刃上,不要做过多的浪费。如果父母手里有一笔小钱,这笔钱要么给孩子买一辆二手车让孩子练手,要么用这笔钱让孩子学习一技之长,父母必须做好权衡,绝不能头脑发热,感情用事。

父母就像是一群忙着酿造蜂蜜的蜜蜂,他们忙忙碌碌就是为了让孩子们今后能够拥有一个甜甜蜜蜜的将来。尽管知道这些幼蜂很有可能放弃采蜜的机会,但是他们依然愿意忙忙碌碌下去。他们投资的不仅仅是金钱、时间,更多的是那份深沉的爱。

退休规划:莫道桑榆晚,为霞尚满天

王大爷退休已有两年,退休之前他就开始规划退休后要怎样度过。王大爷年轻时可是一个典型的文艺青年,吹拉弹唱样样在行。由于当年生活压力太大,他就将这些爱好搁置起来,自己心里真是有千万个不舍。

退休后他终于有时间鼓捣这些爱好,每天不是吹吹唢呐就是拉拉二胡,他有足够多的时间来练习这些爱好,渐渐地技艺也有了很大的提升。一些老年大学还会邀请他去讲课,在为学生们传授技艺的同时，自己的业余生活也得到充实。更为重要的是他还能从老年大学里领到一定的讲课费，用这笔钱可以为小孙子买零食，小孙子高兴自己也开心。

他还组织一些志同道合的老人组成了一个老年乐团，经常参加一些公益性演出，看到台下的观众们沉浸在他们美妙的音乐里，王大爷是打心眼里高兴。很多人退休后都觉得无聊，而王大爷却将退休生活过得极为充实有意义。

现实生活中很多退休人员都将退休当作人生中的一段灰暗时期，他们从原先的工作岗位上退下来之后，找不到自己的用武之地，难以实现人生的价值。尤其是那些在原单位位高权重的领导干部，在单位里习惯了呼风唤雨，被众人簇拥，退休后没有人再听他们支使差遣，真正体会到人走茶凉的悲哀，巨大的落差让他们将退休当作是一种痛苦。而有些人将退休当作是人生的一个新的起点，退休后他们再也不必为单位里的琐碎事务而感到烦恼，可以全身心投入到自己感兴趣的事物上面。例如文章开头案例中的王大爷，可以专心于自己的文艺爱好。还有很多老年人他们拥有较高的技能，可以被一些单位聘请去做技术顾问、专家等。退休对于退休人员而言自然是有人欢喜有人忧。

作为一名行将退休的人员，要提前规划好退休后的生活，正所谓未雨绸缪。唯有退休之前做好相关的功课，才不至于退休后手足无措，空虚无聊。首先就要面对退休后的日常生活。很多老人退休后会选择上老年大学，报上一两个感兴趣的科目，即使学

第九章　家庭经济学：当家方知柴米贵

来学去技艺并未达到专业的水准，但是他们所追求的是一种自娱自乐所带来的快乐；有些老年人开始爱上跳广场舞，与一群老大哥老大姐们聚在一起在舞蹈中寻找到属于自己的快乐；有些老年人喜欢读书看报，退休后就可以隔三岔五去图书馆翻阅各类报刊，有时自己尝试写一些豆腐块文章，还会向报刊投稿，倘若发表就会欣喜万分；还有些老年人他们可能并没有什么爱好，也不爱参加一些社会活动，他们退休后就会觉得无聊至极，找不到快乐的源泉在哪儿。

其实老年人应该转变自己的观念，退休并不代表自己老了没有价值了，而是要把退休当作人生的一个新的里程碑。在这个里程里退休老人要充分调动起能量，让自己继续发光散热。退休之前自己几乎都是在为工作与生活奔波忙碌，真正属于自己的时间并没有太多，退休人员完全可以把这段退休的时间当作对自己的一次大补偿。从前想做没有做的事情现在就可以放手去做，从前在做但是没有做到位的事情现在就可以大显身手；从前从来没有做过的事情现在就可以尝试去做，如果退休老人真的能够把退休这段时间充分利用起来，他就会发现自己迎来了生命中的春天，自己又年轻了一回。有些老人退休后之所以精神矍铄，越活越年轻，很大程度上就是因为退休后丰富了自己的生活，结交了新的朋友，他们始终都有一个良好的心态，对生活充满了希望，微笑着面对余生的每一天。而有些老人之所以退休后会迅速苍老下去，只会一个人坐在公园里发呆，很大程度上就是因为他们没有规划好自己的退休生活，没有用一个积极的心态去面对今后的生活。

退休老人还要面临的是经济生活的问题，有些人要提前退休而有些人则要晚一些退休，无论是早退晚退都牵扯到退休金多少的问题。通常情况下，提前退休的退休金远远没有晚退的退休金高，如果这位老人经济比较优裕，他完全可以不考虑退休金多少的问题，早一点退休早点享受到自由自在的退休生活。如果这位老人经济上有一些压力，还要帮孩子还贷款，还要花钱为老伴抓药治病，他就要晚一些退休争取多领一些退休金。

退休老人还可以继续实现自己的劳动价值，例如一些企业退休的技术骨干完全可以返聘到单位或者到其他企业去做技术顾问；有一些老人掌握面塑、雕刻等方面的技艺，可以利用这些技艺赚钱；还有一些老人可能擅长一些小手艺，他们就可以摆个小摊配钥匙或者为路人修鞋；有些老人也许并没有一技之长，但是他们可以到一些单位的传达室工作或者找一份清洁工的工作，同样可以得到一笔收入。

退休生活是丰富多彩，绚丽缤纷的，退休老人们要做好规划，让自己活成一个退休后的"年轻人"。"莫道桑榆晚，为霞尚满天"，只要老年人们能够把退休当成一块肥沃的土壤充分利用起来，在上面种花种草种庄稼，就一定能够迎来金橘飘香，硕果累累的大丰收。

第九章　家庭经济学：当家方知柴米贵

养老负担：家有一老，如有一宝

这段时间老刘总是闷闷不乐，原因就是丈母娘生病住院自己掏腰包花了近三万块钱。这还不算，妻子把丈母娘接到自己家里来照顾，不仅不能工作，还要无微不至地照顾。

有时丈母娘因为病痛常常会半夜起来不停地呻吟，搞得老刘睡觉都不踏实，第二天上班无精打采。丈母娘还有个怪习惯，别人不上厕所她也不上，上了厕所之后却要在里面待很长时间，搞得老刘真是怨声满腹。

老刘常在妻子面前数落，妻子自然心存不满，两人就常常因老人的照顾问题引发争执。有时候他们的争执被丈母娘听见了，丈母娘就会夸大其词，见了人就说老刘盼着她赶紧搬走，老刘知道后非常苦恼。

像老刘遇到这样的情况不在少数，赡养老人已经成为很多中年人面对的一个非常苦恼的问题。中年人处于上有老下有小的"夹心层"，压力很大，如果这位中年人经济条件较为富裕，压力会相应减轻。如果这位中年人仅仅是一个普通工薪阶层，他很有可能被较大的经济压力压得气喘吁吁。但是，即使压力再大，子女们也要去承担起赡养老人的担子。父母养育我们成人，没有功劳还有苦劳，况且那一根无法割断的血脉就足以让我们将父母当成人生中的一大宝贝来照顾、呵护，像小时候他们照顾呵护我们一样。

一个人从出生到长大成人到成家立业无不渗透了父母的血泪与汗水，一个孩子小的时候父母要万分疼爱，生怕孩子吃不饱穿不暖；等孩子上学了父母就要努力工作拼命赚钱供孩子上学；等孩子要结婚娶媳妇，父母还要为孩子买房子、办婚礼；等抱上小孙子以后父母还要帮着看孩子，自己真的闲下来以后才发现自己已经吃不动喝不动玩不动了。可以说，父母的一生都是在为子孙后代们无偿服务。家有一老，如有一宝，我们要积极主动承担起养老的各种负担，让老人能够安度晚年。

子女们首先就要面对的是医疗等经济负担，由于老人身体机能已经严重退化，极容易生病。很多老人都患有糖尿病、冠心病等疾病，子女必须经常为老人们的打针吃药而操劳。这些都是一笔不小的开支，很多没有稳定工作或者没有固定单位的低收入家庭享受不到医疗保障，经济上就会承受较大的负担，甚至根本没有能力支付。对于那些高收入家庭或者一些事业单位的员工而言，压力相应会小一些。但如果老人患有脑溢血等突发性疾病急需一笔几十万的治疗费用，对他们而言同样有着很大的难度。

即使他们有医保，若要把各类手续顺利办下来可能会大费周折，需要很长的时间。而且不可能全部报销，还需要自己支付相当一部分费用。假设需自己支付十万元，也是一笔不小的费用。例如，一个事业单位的员工月薪大约为3500元，十万元需要他不吃不喝攒两年多。如果单纯是让老人们吃饱穿暖，担子并不重，问题是意外随时发生，子女账户上没有一定的养老资金，很难真正做好赡养工作。很多家庭就经历过因无力支付医药费眼睁睁看着亲人离去的悲痛。

子女赡养老人不仅要承担较大的经济压力，而且还要做好一定的心理准备。如果老人生病住院，不仅仅是费用的问题，更重要的是需要子女投入很多的时间、精力。中国有句古话"久病床前无孝子"，这句话反映出了子女们的辛酸与无奈，子女们无论在生活中还是在工作中都有很多事情需要处理，在赡养父母与工作生活中常常将子女们折腾得心力交瘁。没有哪一个子女是万能金刚，可以轻松应对一切事情。

尽管在赡养老人方面，子女的确有很大的负担，但这些并不能成为不去善待老人的借口。作为子女要本着一种善待老人就是善待未来的自己的信念来赡养老人，竭尽全力去关爱老人，让老人在生命最后时段感受到生命中的光芒与希望。

家庭经济适用：向左走还是向右走

小于是个摄影爱好者，每每见到触动心灵的画面就赶紧拿起手机拍下。有时他将这些图片投稿到一些报刊和网站上还能刊登发表，赚一些碎银子，这就大大鼓舞了小于。

有一天，小于告诉妻子想买台相机，妻子听后颇为不悦。现在一台像素清晰的单反相机大约1万元，这对小于这样普通的工薪阶层而言是个不小的负担。妻子建议小于到二手市场逛逛，说不定能够淘到中意的相机。小于听了妻子的建议到二手市场逛了一次，可是依然没有拿定主意买不买。二手相机只需要两三千元的费用，但是质量能保证吗？如果用了一段时间就出现故障，那还不如买一台新相机。

这几天，小于晚上翻来覆去难以入睡，就是无法做出决定。

在家庭经济生活中，像小于这样的情况大有人在。当他们消费的时候，之所以始终难以拿定主意，归根结底就是一个"穷"字所害。正是因为没钱，所以才会在消费过程中感到烦恼。如果当一个消费者无论买什么都有能力支付，他就不会为一台相机而辗转难眠。一些外地打工的小夫妻真想买一套大房子，但是因为囊中羞涩无力支付大房子的费用。买一套小房子又怕影响孩子学习，也怕将来赡养父母带来很多不便。买一套尾房又怕尾房不安全，左思右想，瞻前顾后始终没有做出决定。

对于市井小民而言，经济承担能力是决定他们消费水平最重要的因素，很多人正是因为没有太高的消费能力，因此才会徒生烦恼。消费者若要在消费过程中将这些烦恼减少到最低就必须考虑"经济适用"这一因素，只有消费者能够承担得起才是适合消费者的。俗话说，适合自己的才是最好的。即便一件商品性价比再高，而消费者无力购买，必将会给消费者带来较大的失落感。

第九章 家庭经济学：当家方知柴米贵

即使消费者购买了，也会因承受较大的经济压力而感到烦恼与不安。就像文章开头的案例，如果小于咬咬牙从自己的积蓄中拿出1万块钱购买一台单反相机，尽管可以实现自己的心愿，但是也会心疼所花掉的费用。假如在之后的日子里，小于拿不出孩子上辅导班的费用，那么他一定会觉得愧疚。对于小于这种情况而言，最合理的做法就是小于带上一个行家里手一起去二手市场选购相机，这样他就可以用较少的费用买到相机，实现自己的心愿。

当然，消费者无论是用何种形式消费都要付出一定的成本代价。就如同小于，如果他选择买一款新的单反相机，就要付出1万块钱的成本代价。当他选择到二手市场买的话，同样也要付出相应的代价。他要还人情，要一次次赶往二手市场，不仅消耗了一定的精力、体力，还要支付一定的路费。但总体而言，利大于弊，当小于购买了一台性能比较好的二手相机，依然可以为他节省很多费用，这符合了经济适用这一原则。但是经济适用这一原则就一定是最佳的选择吗？

答案是否定的。尽管小于用较少的费用买到了一台二手相机，但是这台相机的质量就一定有保障吗？如果他带的那位所谓的行家里手一时疏忽看走了眼，或者仅仅是个浪得虚名的行家里手，就无法保障相机的质量。倘若用了不到一个月的时间这相机就无法使用，这几千块钱的费用等于打了水漂，不仅自己感到内疚，妻子也会无休止地埋怨，所谓的"经济适用"让小于付出了更大的代价。如果小于正要参加摄影比赛，考虑到经济因素就买了一台4000元左右的相机，结果导致了参加比赛提交的作品像素不高，影响了作品质量，最终与获奖无缘，小于为此也付出了很大的代价。

消费者在消费过程中无论是否遵循了经济适用这一原则都是建立在消费者成本代价的基础之上。即使消费者遵循了经济适用这一原则，也并不意味着消费者可以完全获利。但是，经济适用原则对大多数消费者而言是消费行为的指南针，只有按照指南针找到方向，才能走到获利的区域。

我们可以将消费者消费行为比作是一个骑着摩托车赶路的人，当他面对分岔路的时候，会考虑走左边还是右边。左边的路是条公路，骑行起来很方便快捷，离目的地有很长的距离。右边的路是条土路，骑行起来有些颠簸，但是离目的地很近。考虑到能否节省油钱，他还是选择了那条土路。走这条土路对大多数骑摩托车的人而言是最为明智的选择，因为可以节省很多的油钱。当然，他也定然要付出一定的代价，一路上的颠簸让他觉得不够舒适自在，这就是经济学领域中所提到的成本代价。

在我们的经济生活中，愿消费者都能够选择这条"土路"，在这条"土路"上收获消费过程中的快乐与幸福。

第十章

职场经济学:展示能力与才华的达人秀

职场中也许你还是一名"小白",时时处处陷于被动;也许你还不知道当今大学生的就业危机有多大,正要满腔豪情来一次大翻身的跳槽;也许你正因为求职碰壁而心灰意冷,那么你应该从职场经济学中得到一点启示,点亮智慧之灯,照亮今后的职场之路。

人才与生产力:爱护自己的"左右手"

小赵是一位非常优秀的编辑,经他编发的稿件非常受读者朋友们的欢迎。但是这几年小张的职场之路并不顺利,辛苦打拼,努力表现依然停留在小编的职位上。

有一次主编让小赵组某个选题的稿件,小赵看后觉得这个选题不仅没有报道价值而且更没有商业价值,主编颇为不悦:"是你干主编还是我干主编,不愿意干可以不干,有很多大学毕业生在那儿排队呢。"

小张窝了一肚子火气"忍辱负重"把稿子组完了。等稿子见报后,果然不出小赵所料,反响平平,为此主编大为光火:"你是干什么吃的,连个稿子都组不好。"生性清高的小赵再也忍不住怒火据理力争,最后他一拍桌子:"我不干了。"

主编又物色了几个人选,结果都不尽如人意,最后他只好放下身段一次次给小赵打电话,邀请小赵再次回到工作岗位上,而小赵直接将主编拉黑了。

小赵是个人才,但是主编没有爱惜人才,不能做到"物尽其才，人尽其用"，这就造成了人才的流失，最终也将带来利益的损失。在经济学领域，所谓的人才就是指在单位里拥有较高专业知识与技能，能够对单位的发展作出突出贡献的人。一个优秀的软件开发师；一个资深的小学教师；一个能够拍摄出《流浪地球》这样大手笔科幻影片的导演；一个能够获得重要文学奖的作家；甚至一个做出一手好拉面的师傅；一个能修一手好汽车的修理工人都在人才的范畴里。

纵观中国古代历史，人才的重要性显而易见。刘备正是因为赏识诸葛亮才会有"三顾茅庐"的佳话，在此后的多年间诸葛亮凭借自己的足智多谋让蜀国达到了巅峰。而唐玄宗由于无心治理朝政，任用杨国忠等奸佞之人担任重臣，最终导致了安史之乱的爆发，一个盛世王朝就此覆灭。在我们的现实生活中，这样的例子也不胜枚举。一个优秀的医生由于成绩突出被医院提拔为主任医师，为此他更加努力地救死扶伤，完美诠释了"白衣天使"的光辉形象；企业里一个综合素养很高的员工工作多年始终没有升职加薪，单位领导任用了那些擅搞溜须拍马之术的人做办公室主任，这位员工义愤填膺，愤然离职。就像文章开头案例中的小赵，他们的离职是单位的一大损失。

企业之间的竞争归根结底是人才之间的竞争，只有人才才能为企业贡献出强大的生产力，让单位能够高速向前运转，奔驰在飞速发展，繁荣强大的经营大道上。企业爱护人才就要像爱护自己的左右手那样，天冷时擦"大宝"，天热时擦"防晒霜"，让这双"左右手"能够时时处在完美无缺的状态下，从而创造出更多的价值。在经济学领域，人才从本质上而言属于商品，企业选用人才事实上是一次市场交易。在交易过程中企业就必须付出一定的成本代价，为了实现成本最小化利益最大化，企业选用人才就必须做到"经济"，既要经济合理地开发人才，又要经济合理地使用人才。

企业在开发人才的时候要遵循"德才兼备"这一原则。很多企业投入了大量的人才资本，高薪聘请了很多知名大学的高才生，结果却大失所望。这些高才生更擅长搞一些"书斋理论"，应用到实践当中没有太高的价值。同时还有一些企业尽管也聘请了一些有着较高工作技能的专业人才，但是问题也随之而来，这些专业人才在专业领域是个"英才"，结果在人际关系上是个"庸才"，他们不懂社交，拙于世故，在企业里处于被动的地位，影响了整体的和谐。更有甚者会出卖企业的商业机密，破坏企业的经营管理等。以上种种都会让一个企业付出较高的物质成本代价与时间成本代价。

近段时间超级网红"流浪大师"沈巍先生就有一段关于"人才"的精彩言论，他说很多用人单位首先用的就是那些德才兼备的人，其次再选有德无才之人，最后才用有才无德之人。可以说，沈巍先生一语道出了企业用人的秘诀。无论是有才无德还是有德无才对于企业的经营与发展而言都无异于一颗"地雷"，无法为企业创造出最大的效益与价值。当企业一不留神踩到这些"地雷"

第十章 职场经济学：展示能力与才华的达人秀

上就难免会造成一定的利益损失，为了"安全"起见，企业要用德才兼备之人。在招聘人才的时候，要加大投资成本，提高招聘门槛，让那些综合素养较高的人才迈进企业的大门。同时，平日里要加强对人才们的道德教育，提高他们的思想站位，升华他们的道德水准，让人才们的"德"与"才"能够像两条并行的轨道，载着企业这辆巨型火车一路向前。

企业在使用人才的时候一定要遵循"知人善用"的原则。诸葛亮"挥泪斩马谡"的故事想必大家都有所了解，马谡是诸葛亮非常欣赏的一名实力干将，但是马谡性格上的骄傲自满导致了痛失街亭，对蜀国造成了巨大的损失。尽管马谡是导致街亭丢失的直接责任人，但诸葛亮也有一定的责任，他只是一味欣赏马谡的军事才华，却忽略了马谡性格上的刚愎自用。事实上赵云、邓芝都是较为合适的人选，然而诸葛亮却没有让他们打头阵，在这一点上就没有做到遵循"人尽其才""知人善用"这一原则。企业在发展中要爱才惜才，不要埋没人才，也不要乱用人选，人才错位会给企业带来较大的损失。将人才用到合理的岗位上，让其发挥出最大的价值，才能为企业注入新的活力。

同时，企业若要激发出人才们的工作效能还要制定出一套科学合理的薪资机制，当人才们尝到"甜丝丝的井水"时就会从心底里感激企业，发扬出"吃水不忘挖井人"的精神，为企业创造出更多的利益。

汉高祖刘邦就是一个英明的领导者。他不仅网罗天下各路奇才，而且还善于使用人才，他让这些人发挥自己的所长，找到用武之地，这些奇才自然愿意众星拱月般围绕在刘邦周围为他效力，最终成就了一个强大的帝国。如果把企业比作一轮明月，那么人才就是繁星，企业如要吸引更多的星星，就必须散发出无比强大的磁场，只有这样，才能与星星们交相辉映。

人才稀缺：成为单位一级保护"动物"

玲玲与晶晶是同一所大学的校友，毕业后两人又应聘到同一家企业就业。玲玲做文案，晶晶做平面设计，两人可谓是"黄金搭档"，领导对此也很是满意。

有一天，部门里又招了一个名牌大学的毕业生。玲玲与晶晶心想一定是老板想减轻她们的负担，才招聘了一个人。这位新来的大学生有时帮玲玲写写文案，有时帮晶晶做图，玲玲与晶晶的工作负担的确减轻了一些，她俩在心底里感谢了老总很多次。

可是有一天一道"晴天霹雳"突然来临，老总告诉她俩因为企业结构调整，暂时不需要她俩，可以办理离职手续了。一开始她俩还一头雾水，自己兢兢业业工作，工作能力也挺好，为啥说解雇就解雇了。后来她俩才明白新来的这位大学生不仅会写作，还会设计，并且由于形象好做主持搞接待都没有问题，老板用这一位全能型人才可以节省很多费用。

从上述案例中我们就可以看出如果一位员工能力平平或者没有打造出自己的个人品牌,被替代的可能性就很大。从经济学的角度来讲,一位员工或者求职者就是一件"商品",企业愿不愿意付出成本消费这件"商品"就看这件"商品"的价值大小。

对于一个员工而言亦是如此,当同一类型的员工供过于求的时候,企业就会有很大的选择空间,领导者就会"百里挑一",这时候企业就占有很大的主动权。而当一个员工能够"鹤立鸡群"的时候,他就会拥有很大的发言权。企业为了防止利益的流失就必须想方设法留住这样的人才。例如一家建筑企业急需一位资深的设计师,这位设计师不仅会设计普通的居民房还会设计高档的办公大楼以及豪华的别墅。当一位这样的设计师前来应聘的时候,企业就会加大投资成本,尽力留住这位稀缺人才。

在职场生涯中往往会有这样的现象,有些员工明明兢兢业业干着自己的工作,结果却因为一件小事惹得老总不开心最终被解雇;有些员工任劳任怨为企业服务了多年一直没有升职加薪,然而有些员工一进单位就享受着中层待遇;还有些员工平日里保质保量完成了任务,依然怕被老板炒鱿鱼,而有些员工不仅没有此担忧,甚至老总都要在这些员工面前笑脸相迎。公司员工一般分为两大类,大部分人是属于资质平平很容易被老总忽略的一类人,他们能力不够突出,业绩不够突出,因此收入自然也就不会突出。另一类人是企业里的中流砥柱,一旦失去这根柱子就会失去定海神针,必然会带来一阵动荡与骚乱。员工若要改变自己的职场命运就必须努力打造出"稀缺性",让自己成为企业里独一无二的存在。那么,怎样做才能实现呢?

1. 打造个人品牌

一提文案界我们就想到小马宋、咪蒙;一提商业界我们就想到了马云、马化腾等。他们的名字之所以如此响亮,就是因为他们将自己的专业做到极致,追求"纵深发展"。

别人无法攻克的难题他们可以攻克,别人无法提出的构思与创意他们可以提出,别人无法做出的成绩他们可以做出来,因此他们就成为焦点,成为启明星,成为别人前进路上的一盏明灯。如果你是厨师,那么就做好自己的水煮肉片,让每一位食客吃完后赞不绝口;如果你是推拿师就找准每一个穴位,用自己炉火纯青的手法打通顾客每一个封闭的穴位,让他们的身体感觉到万物复苏般的美妙;如果你是个快递小哥,能保证从来不送错,从来不拖延时间,从来都是给顾客最真诚的微笑,那么你就是一个成功的快递员。

当一个人打造出自己的品牌,别人第一时间就会想到你,他们会说:"除了你还会有谁,非你不可。"

2. 成为一个受人欢迎的多面手

时代的车轮不断向前推进,"车上"的人也必须与时俱进才不会打错方向盘。现在越来越多的企业开始"精兵简政",开始搞起了"科技战""信息战","百万大军""百团大战"的战略战术渐渐淘汰,这就意味着越来越多的人面临被淘汰厄运。就像文章开头案例中玲玲和晶晶的命运，正因为她俩所掌握的专业技能过于单一，最终才会被那位新来的大学生所代替。

因此，一个人必须追求"横向发展"让自己能够像孙悟空那样拥有七十二般变化，既能腾云驾雾，又能遁入泥土，这样才会天不怕地不怕，玉皇大帝见了都要把眼睛眨一眨。当一个人在单位里既能够做好自己的专业工作，还拥有专业之外的各项能力，那么就会成为单位里的抢手货。当单位遇到突发事故，这个人就是"及时雨"；当单位需要做出重要决策的时候这个人就是"智多星"；当单位需要完成大量任务的时候，这个人又会是"拼命三郎"，这个人必然会受到单位老总的香火供奉，其权威地位不可动摇。

市场竞争如此残酷，职场竞争亦是如此。一个人只有打造自己的稀缺性，让自我身价能够大大提升，才能够稳操胜券。就像前面所提到的孙悟空，每个人要努力让自己"进化"成这样一位神通广大的"美猴王"，才能稳稳独占自己的"花果山"。

机会成本：职场有风险，跳槽需谨慎

媛媛被称为"跳槽大王"，一年之内换了5家企业。要么嫌弃某些企业节假日太少，要么嫌弃待遇太低，要么嫌弃老板特苛刻，要么嫌弃自己的工作技术含量太低，没有存在感。

这段时间媛媛真的是进入了人生最灰暗的时期，由于工作长期没有着落，男朋友提出分手。并且随着跳槽次数太多，搬家的次数也随之增多，自己内心有一种漂泊无依的感觉。媛媛一直都在看报纸上的招聘启事，终于发现了自己称心如意的企业，当企业得知媛媛跳槽次数太多的时候，却断然拒绝了她的应聘。

媛媛已经32岁了，再这么下去不知道何时才能稳定下来，她黯然神伤，辗转难眠，希望这样的日子赶紧结束。

当今社会跳槽已经成为一个热门词汇，很多人都觉得"再不折腾就老了"，于是就要在自己有限的职场生涯中，多打开几扇窗户，看一看不同的风景。这是一种积极的人生态度，在不断追寻的过程中让生命变得更加有意义。当下有一个非常成功的青年作家叫李尚龙，过得很精彩，因为他能够不断挑战自己，不断转换自己的角色。当兵复员后他没有听从父母的安排，而是到新东方当了一名英语教师，后来又爱上写作，写出了《你只是看上去很努力》《一切都是最好的安排》等众多励志书籍，给很多正处在人生迷茫阶段的年轻人带来一束温暖的光亮。他还在尝试向其他领域迈进，做起了导演，开起了讲座，皆取得了可喜的成果。李尚龙的这种做法值得鼓励，他的才华足够支撑得起梦想。很多企业也愿意聘用这样的员工，他们有能力、有创新、有胆识、有干劲，能够为企业注入新的活力。

理想很丰满，现实很骨感，并不是每一个频频跳槽的人都能到达理想的彼岸。很多人多次跳槽之后才发现跳槽之前总是自信

第十章 职场经济学：展示能力与才华的达人秀

满满，踌躇壮志，当他们跳到新单位才发现自己收获的不过是一次失望，就像一只小青蛙跳来跳去也没有跳到一片安稳的荷叶上，就像文章开头案例中的媛媛，跳来跳去也只能让自己落得难有立足之处的境地。

任何一次跳槽都会有一定的机会成本，同时还存在着一定的择业风险。就拿媛媛的例子而言，一年当中的五次跳槽首先会让她付出经济成本。每次跳槽之间她都要有一定的待业时间，这段时间内收入为零，相对上班而言就等于造成了一定的损失。五次跳槽她不知道要经过多少次面试，每次面试需要的车费、买正装的钱、打印简历的钱、吃饭的钱加起来也是一笔不小的费用。同时，她跳了五次槽意味着每家企业平均工作时间不超过3个月。通常情况下当一个员工实习不超过3个月，只能拿实习工资并且没有三险待遇。如果她在一家企业长期干下去，那么每月的工资为3000元，三险费用1000元，每月总收益为4000元。当她自认为跳槽到一家不错的企业，每月实习工资是2500元，结果干了两个月就辞职，这就意味着每月只能拿到2500元的实习工资，与在一家企业长期干下去相比每月损失了1500元。

还有一点不容忽略的是，跳槽一家单位往往与原先的预期大相径庭。一个跳槽者原本想跳槽后能够得到更多的收入，结果入职以后才发现企业的薪资待遇与入职之前老板承诺的并不一致，他只好带着满腔悲愤离开了这家企业；他原本想换一个工作环境就能够交到更多的好朋友，人际关系就更为和谐，结果发现这家企业人与人之间非常冷漠，大家都忙着自己的事情，人情味极为淡薄；他原本以为这家企业不再像上一家那样埋没人才，结果去了才发现自己依然无法找到施展才华的平台，一种屈才的失落感迫使他又递交了辞职信。折腾来折腾去才发现自己早已身心交瘁，曾经的雄心壮志，曾经的满腔热忱，曾经的远方与诗意，最终化为一声声悔恨的叹息。

理想并没有错，诗与远方也没有错，"再不折腾就老了"这句话也没有错，错就错在很多人跳槽之前缺乏理性，感情用事，没有对自身的情况以及当今的就业形势做出冷静的分析。为了将跳槽带来的机会成本以及择业风险降低到最低程度，那么任何人在跳槽之前都要先做一做功课。这门功课主要包括"3W""1H""1C"。

所谓"3W"，就是指 Why（为什么要跳槽），What（跳槽后能得到什么）When（什么时候辞职）。一个人在跳槽之前必须搞清楚为什么选择跳槽，是因为收入不高，还是因为人际关系不和谐，还是想得到更大的发展空间，升职加薪。只有明确了自己想要的，才能有的放矢，直中靶心。同时任何一个人在选择新的企业时要对这个企业做出详细的考察，自己到这家企业就业能够得到什么，如果从这家企业里所受到的益处正是自己所需，这就是一次成功的跳槽。如果想得到更高的收入，从一名普通的小出纳跳槽到一家快递公司送快递，每月的收入较之前翻番，那么这次跳槽很有意义；如果厌倦了做远洋船员的漂泊与无依，辞职后在

第十章 职场经济学：展示能力与才华的达人秀

一家商场做保安，尽管收入不高，但是感觉到踏实与轻松。如果一个人感觉到非跳槽不可，那么他就必须搞清楚什么时候跳槽，是"说走咱就走"，还是静待时机，一旦时机来临立马行动。通常情况下，一个人若要提高跳槽成功的概率，最好事先找到下家，否则很有可能落得"无家可归"的处境。

所谓"1H"就是指走后该怎么办。是突然向老总递交辞职信，"世界那么大，我想去看看"，还是事先向单位表明自己的想法，让单位物色更合适的人选。如果一个人一走了之，会给人留下一种不道德、不负责任的不良感觉。

所谓"1C"就是指一个人有什么能力，可以干什么。跳槽之前要对自己有一个准确的定位，自己适合搞一些富有创造性的工作还是更适合做一些按部就班的工作，如果定位错位，那么必将面临下一次跳槽。只有当一个人跳槽之前做好这些功课，才能让跳槽成为一次完美的飞跃，助跳槽者飞向更为广阔的穹空。

有些人可能会在一个岗位上兢兢业业干一辈子，而有些人总是有一颗积极上进的心想要来一次职业转换或者跳槽，迎来不一样的人生。通常情况下，一个人职业转换的最佳时间段主要有三个。首先是25～30岁之间，这一阶段是一个人职业的探索与定位阶段，同时在探索与定位阶段年轻人还可以不断增加社会经验，扩大人际关系网。第二阶段是35岁左右，这一阶段是一个人技能、社会经验与人际关系方面较为成熟的阶段，因此完全可以跳槽到其他企业的相关岗位上，他们可以轻车熟路，大展身手。第三个阶段是 40~50 岁之间，在这一阶段一个人已经成为行业里的专家里手，是行业里的旗帜与标杆，这样的人才是各个企业的抢手货。

就业砝码：找到自己的那把刷子

小刚是个不错的传统文学作家，在全国各地的报刊上发表了大量的诗歌、散文、小说。后来结识了一位网络文学作家，当他得知这位作家每年的稿费收入是 100 万元左右时，小刚真恨不得找个地缝钻进去。自己辛辛苦苦写一年不过挣个十几万块钱，自费出了本诗集全部送人，没赚到一分钱。看到那位网络文学作家开着 Q7，小刚甚是羡慕。

后来他开始阅读大量的网络文学作品，无论是悬疑、武侠、恐怖小说都有所尝试，结果辛辛苦苦写了一年多，点击率几乎是个位数。在写作网络文学作品的时候，他感觉到非常痛苦，不仅脑汁被榨干，而且也经受不住身体的劳累。冷静分析之后，小刚意识到自己并不具备写网络文学的想象力、持续力、忍耐力，他写的传统文学大多是千字左右的豆腐块文章，为此又"重操旧业"，继续坚守住传统文学这块"小菜园"。

从上述案例中我们就可以看出一个人只有找到自己的绝对优势，才能收获自己的快乐与幸福。就像小刚，如果他继续执迷不

第十章 职场经济学：展示能力与才华的达人秀

悟搞网络文学，不但难以搞出成绩，甚至还会荒废传统文学的写作能力，最终落得个"损了夫人又折兵"的境地。生活中多少人正是因为没有找到自己的绝对优势，去从事一些处于相对劣势的事情，只能是竹篮打水一场空。一个修车技术很好但是五音不全的小伙子偏偏喜欢唱歌，各类歌唱比赛参加了一次又一次，结果海选就被淘汰；一个性格内向不善交际的人偏偏要去跑业务，结果只能是带来无穷尽的痛苦。中国台湾著名漫画家蔡志忠先生就说过，"盲目努力是没有用的"，因为很多人根本没有找到自己的那把刷子。

当今社会就业形势极为严峻，职场的竞争又极为残酷，很多职员们在其中深受其害，备受煎熬，他们兢兢业业，辛苦打拼，结果人到中年还是惨遭下岗的厄运。每年的应届毕业生滚滚涌向市场，让企业里那些老员工面临着挑战，被替代的可能性也比较大。在企业里一人多职，一专多能的现象越来越普遍，企业会用最少的人员去做更多的工作，因此很多综合能力较弱或者专业能力并不精深的人将要面临淘汰的结局。因此一个人若要面对"就业寒流"并且在激烈的竞争激流中站稳脚跟，就必须打造出个人品牌，提升核心竞争力，让自己"一枝独秀"成为单位里的"台柱子"，让老总觉得有你就行，没你不行。

著名词作家阎肃老先生总结过一句非常精辟的话，他说一个人走向成功要有"四 Fen"，分别是天分、缘分、勤奋、本分，这"四 Fen"放在个人品牌的打造上也同样适用。

1. 天分

所谓天分就是指一个人拥有什么技能特长，这要求每个人要给自己一个准确的定位。生活中我们常常听到有人说"你也不看看自己几斤几两"这样的话，这些言论话糙理不糙。的确，一个人只有明白自己到底适合从事什么样的工作，才能在这一岗位上发挥出自己的光和热，否则就会落得"方向不对努力白费"的下场。为什么有人越努力越幸运，而有些人越努力离最初的目标越远，究其原因是后者只是看起来很努力，他们没有找到自己的那把刷子，所以无法粉刷出彩色的世界。因此，一个人如果拥有一副好嗓子，就可以往唱歌方面发展；一个人拥有好的文笔就要向写作方面努力；一个人生来就对美食感兴趣，或许做一个出色的厨子是一个不错的选择。

2. 缘分

所谓缘分就是指一个人能不能找到一个施展自己才华的平台，让自己在舞台上可以起舞飞扬。而这个平台又是一个企业可以提供的，因此一个求职者必须想方设法入职这样一家企业，找到这个平台的搭建人。一个对广告感兴趣的人若要进入奥美广告公司入职，就必须应聘之前先将奥美广告公司的招聘要求搞明白，查漏补缺，让自己符合招聘条件。同时，进入该公司入职并不意味着他就能够长久干下去，必须全力以赴，拿出自己的成绩让老总心服口服，这样才不会丢失自己的舞台。

3. 勤奋

所谓勤奋自不必言就是指一个人在职场中抛洒的汗水甚至泪水。老总就是喜欢看到员工们忙得焦头烂额甚至连吃饭上厕所的时间都没有的样子，员工越拼命，效益就越增长，老总就不会给员工们脸色看了。若要让老总青睐，就必须在他人侃大山时，你还在琢磨下一个活动如何策划；当他人只是一味儿刷新朋友圈，你却要在朋友圈发现更多的创意与商机；当他人只是做好本职工作，你却要做一些本职工作之外的事情，让老总觉得雇你这个人值得。

4. 本分

所谓本分就是指一个员工不仅要有专业能力，还要有较好的人品与较高的道德素养。司马迁在《史记·乐毅列传》中就提到过一句"善始者众，善终者寡"，很多人难以做到有始有终，这在职场中也较为普遍。很多员工起初还会与企业同呼吸共命运，可是当这些人发现企业并没有给自己相应的报酬，就开始破罐子破摔，再也调动不起工作的积极性。一个人若要成为一个有号召力的人，就必须勤勤恳恳，本本分分，做任劳任怨的老黄牛，做日理万事的千里马。

就业危机：大学生，你真有那么高的段位吗

程程毕业于某名牌师范大学英语系，毕业之前她就已经描绘

出美丽的人生蓝图，先通过考试进入当地的公立高中做一名英语教师，业余时间继续学习，争取做一名优秀的翻译官。可现实为她泼了一盆冷水，由于竞争激烈，她做一名人民教师的愿望化为泡沫，最后只好在一家辅导班做起了辅导老师。

干了一段时间后程程觉得非常屈才，就毅然辞职。她前后干过很多不同的行业，例如理财、外贸、行政等，均因为不符合自己的人生理想而选择辞职。后来她读研究生哲学专业，自己的身价仿佛一下子提高了很多，她想这次"英雄应该有用武之地了吧"。可令她万万没想到的是，由于名额有限，到高校应聘没有成功，就是企业也嫌弃她的哲学专业过于冷门不愿意录用她。

几经周折程程只是争取到了当地一家管委会的合同工资格，她心灰意冷，想自己这么努力花了这么多年的时间竟然和那些刚毕业的大学生在一个水平线上。她悔意丛生，如果当初没有从那家辅导班辞职，自己也应该成为辅导领域的半个专家了吧。

大学生的就业形势日益严峻，越来越多的大学生难以找到如意的工作，很多毕业生折腾来折腾去最终依然被现实打败。大学生长期的待业状态，不仅让他们开始丧失自信，一片茫然，同时还造成了一定的社会压力，由于很多企业招不到人，留不住人，最终导致了岗位的空缺使企业难以高效运转起来。

准确地讲，找一个糊口的工作并不难。夜市上摆摊卖麻辣烫、工厂里做一名车间工人、当个保安做个快递都可以带来一定的生活来源。这个社会只要一个人别懒得伸不出手，迈不开腿，张不

第十章 职场经济学：展示能力与才华的达人秀

开嘴就不至于连生存问题都解决不了。因此，找工作难这个命题并不成立。如果真要说大学生找工作难的话，只能说是找一个理想的满意的体面的高薪的工作难。多少大学生心比天高，认为自己有一张金灿灿的文凭就会成为社会上的抢手货。事实上，一个人能否受到企业的青睐，关键要看这个人能为企业创造多大的价值。如果一个人就像一棵"摇钱树"，那么企业必将会为其浇水施肥，细心呵护。如果一个人仅仅是一棵"路边草"，就很容易被老总忽略，甚至惨遭践踏的厄运。在找工作难的现象背后又有怎样的症结存在呢？

1. 很多大学生高分低能

很多大学生都抱怨工作难找，可很多企业却招不到专业人才，究其原因是大学生自身能力达不到企业招聘的要求。很多大学生无非就是浑浑噩噩混了几年，最后得了一张文凭。有文凭、没文化，有学历、没能力已经成为当今大学生们一种较为普遍的现象。软件开发游戏编程的确赚钱，可是很多本专业的学生无法克服重重困难攀登汇编语言的高峰；写网络小说的确能够名利双收，可是很多中文系的学生连文字基本功都没有打扎实，又谈何写出点击量过亿的小说呢？做网络营销的确能够带来巨大的收益，又有几人能够耐着性子摸清市场的脉络，大开脑洞做出富有创意的营销方案呢？从经济学角度而言，一个求职者如果缺少"商用"价值，不能为企业带来收益，企业就不想付出聘用这位员工的成本。

求职者求职前要考虑一个问题：你真有那么高的段位吗？当

才华撑不起你的野心，就要低下头来，俯下身子，以一个耕耘者的姿态来提升自己的实力。请想一想大学几年你是在学习中度过还是在逃课中度过，你真的拥有了一技之长还是仅仅拥有一张文凭。自己不努力，谁也给不了你想要的人生，有能力的人都在拼命努力工作，努力赚钱，一个能力平平的大学生，又有什么资格自以为是地去浪费生命，虚度光阴。

2. 择业观念较为偏颇

面对东部沿海地区的一些事业单位、国有企业，大学生们往往会趋之若鹜。社会上的就业岗位是有限的，当千人共过独木桥，最终结局就是大部分人要纷纷落水，只有少数几人才能走过这根独木桥去看那片金灿灿的油菜花。之所以会出现这种现象很大程度上是因为面子使然。

哲学家周国平曾经说过，很多人选择事业单位、国有企业除了获得更高的待遇之外，更重要的是能够获得一定的社会地位。当与别人谈论起来各自的发展情况时，就可以自豪地说自己是"体制内"的人。

事实上面子真的没有那么重要，生活的确需要诗和远方的田野，但是这并不意味着一个人可以在本应拼搏的年代选择安逸。如果一个人连眼前的苟且都无法做到，就没有资格去谈论人生、理想、追求、自由，社会不会去养一个懒虫、寄生虫。

一个艺术专业毕业的学生，不去打工整天关在家里搞创作，结果连房租都供不起，爹娘却在黄土地里流汗劳作；一个公司里的小会计明明可以买个面包车送快递多赚钱养家糊口，但是他宁愿每月只拿 3000 元的工资过着受穷受累的日子，却成天抱怨活不出自己想要的样子。很多人所谓的追求不过是在为自己懒惰不想遭罪找一个冠冕堂皇的借口，很多人所谓的清高不过是在假清高、装清高，清高的背后是自己穷困不堪的现状。

大学生们要端正自己的心态，正确对待每一份工作。北大清华的毕业生都有人卖猪肉、送外卖，那么一个二流大学的毕业生在一家私营企业里做个小职员又有什么不可以呢？更何况有些人仅仅持有一张大专文凭，并无太高的竞争力，在超市做一名收银员或者在工厂里做一名质检员同样是一个不错的选择。职业无贵贱，身份无高低，怕就怕在自己并没有打造出个人品牌却过高期待，贵就贵在即使自己拥有高学历，也同样可以和大叔大哥们在单位底层一起奋斗。无论做什么工作，一个人能够在自己的岗位上兢兢业业、勤勤恳恳，同样会得到他人的尊重。唯独那些高不成低不就，底层工作不认真去做，高层工作想认真去做却做不了的人才会遭人鄙视。只要认真对待每一个岗位，干一行爱一行，干一行精一行，同样可以实现自己的人生价值，做一名"平民精英"。

3. 丧失了继续学习的动力与热情

很多人都把毕业当成了人生学习的终点，事实上大学里所学到的那些专业知识与技能根本无法应付漫长的职业之路，漫长的人生之旅。毕业后学习到的内容与知识更像是一双翅膀，帮助这些大学生在职场的天空里自由飞翔。

就拿自媒体学习而言，很多人对自媒体的应用仅仅停留在娱乐层面上，刷朋友圈、玩快手、看抖音，却没有充分利用这些资源，吸引流量为自己带来实实在在的收入。如果你擅长写作，就可以给一些公众号投稿，或者自己开通公众号赚取广告费、打赏费；如果你是个拍客，就可以用手机拍一些有趣的、新鲜的、富有创意的小视频发到相关的平台上；如果你有表演天赋和较好的口才就可以开通直播，一个普通的直播月收入非常可观。

一些没有高学历的人都能通过自媒体赚到数量可观的收入，而那些只会给别人打赏的人，又有什么资本不去学习新知识呢？

当今社会的确存在着较大的就业危机，但是这并不能阻碍每个人前进的脚步，只要大学生们能够给自己一个准确的定位，不断提高自己的核心竞争力，就不怕没有"钱"途。

世界性竞争：洋人也来抢饭碗

大卫毕业于美国一所名牌大学，毕业后由于本国就业形势非常严峻，大卫权衡再三就到中国的上海来就业。大卫大学期间所学的专业是汉学研究，精通汉语，同时对中国文化也是个小灵通，因此他就报名应聘上海一家中学的外语教师。

这所中学只招收两名外语教师，然而应聘者云云，共计有500

第十章 职场经济学：展示能力与才华的达人秀

多位名牌大学毕业生，由于大卫精通汉语，又是美国人，因此应聘外语教师自然成了最佳人选，他从众多求职者中脱颖而出，顺利成为该校的一名教师。

由于大卫是外教，工资待遇要比中国的教师多一些，大卫算了算，与在美国的收入相差不大，并且还解决了就业问题，可谓是比较完美了。而那些没有应聘成功的求职者还要为自己的就业继续奔波下去。

目前，越来越多的外国人开始到中国就业。随着中国经济的不断发展，中国已经成为越来越多外国求职者们就业的热土。随着中国产业结构的不断优化与扩大，出现了越来越多岗位的空缺，急需大量的人才来支撑这些岗位的运转。在中国劳动力市场不断扩大的同时，世界上很多国家的就业压力越来越大，很多高校毕业生的就业门路会变得越来越窄，他们就会将就业方向转移到其他具有较大就业前景的国家，中国就成为一个极佳的选择。

外国打工者选择在中国就业主要表现出以下几个特点：首先，大多数外国打工者会选择到北京、上海、广州、深圳等一线城市，这些城市就业前景较为广阔，能够给外国打工者们提供较多的选择机会和较高的就业待遇；其次，选择在中国就业的外国打工者呈现出三高的特点。学历较高，很多外国打工者他们往往拥有研究生、博士等学历，当然也有一些低学历者选择在中国就业；他们所处于的职位也较高，很多外国打工者会在一些大型的企业里担任高级管理职位，拥有较高的收入。从事较低职位的外国打工者只占很小的比例，例如一些非洲劳工他们会在中国从事搬运、车间工人等一些较低的职位。

布朗毕业于美国一所优秀的大学，毕业后他开始考虑在哪儿就业的问题。自己所学的专业是软件开发，在澳大利亚这样的专业已经不是热门专业，因为该国的高科技产业已经发展到较高的水平，慢慢呈现出下滑的趋势。

布朗在中国有一位朋友，他给布朗提建议说上海、北京这样的大都市急需布朗这样的电脑人才，于是经过朋友介绍，布朗来到上海一家软件开发公司，做了一名软件开发师。

工作上布朗干得得心应手，月薪也比较满意。后来经过朋友的介绍，布朗还交了一位中国女朋友，两人谈起了甜蜜的跨国恋情。布朗常常想，来到中国工作、生活真的是一个正确的选择。

经济全球化的加剧，使各国急需大量的人才，谁能抢滩人才市场，谁就有可能在竞争中占据上风。中国凭借对外国打工者们提供优越的就业待遇，吸引了越来越多的外国人才来中国工作，中国已经成为一个广纳贤士、海纳百川的人才市场，散发出越来越大的就业磁场。

外国打工者纷纷选择到中国就业，这就意味着中国的劳动者们将会面临更大的就业压力，就业的范畴将会相应地缩小，就业的机会也会相应地减少。因此，为了应对日益激烈的就业竞争，中国的劳动者们就要努力提高自身的核心竞争力，不断增加自身的砝码，让自己不被淘汰出局。同时，中国劳动者也要转变自己的就业观念，也可以向外国打工者们学习，实行"走出去"战略，向世界上的其他国家劳务输出，充分发挥出自身的优势，在国外的劳动力市场中大显身手。

加薪策略：价值是最高的砝码

小飞是一家婚庆策划公司的策划师，工作中他兢兢业业，每次策划婚礼或庆典活动，他都绞尽脑汁，极尽完美之能事。小飞在公司里工作了将近有半年的时间，因自己出色的工作为公司带来了很大的效益，但是工资一直都维持在原先的水平上。小飞心里一直都有一个不小的落差。

小飞考虑了一段时间之后，就找到经理。他首先向经理陈述了自己在这段工作时间内创造的价值，经理听后点头称是。后来小飞直奔主题，要求经理为自己加工资。一开始经理还有些犹豫，后来小飞提出来如果工资总是不加的话，那么就要跳槽到其他单位。如果公司给加工资的话，要加500块。

经理让小飞先回去，明天给他答复。第二天，经理同意了小飞的加薪要求，小飞继续留在公司里贡献出自己的价值。

任何一位上班族都希望自己能够享受到加薪的待遇，提高自己的收入水平，不仅物质上得到满足，精神上也会有一种小小的成就感。但是对于大多数上班族而言，加薪谈何容易，任何一位老板都不会是一个绝对的慈善家,他们经营的最终目的就是要实现利益的最大化。当上班族们提出加薪要求的时候,老板的利益就会受到一定的损失,因此在做出加薪与否的决定时,老板就一定会权衡给员工加薪后会不会最大限度贴合自身的利益。因此,加薪就是一场员工与老板之间的拉锯战。

员工若要享受加薪的待遇就必须具备一定的价值,否则难以得到老板的认可。当一个员工在单位里有着很强的被替代性,那么这个人就属于可有可无型的,当他向老板提出加薪要求的时候,自然会遭到老板的拒绝,甚至是惨遭被辞退的厄运,真所谓偷鸡不成蚀把米。只有当一个员工在单位里有着较大的价值,起到一个中流砥柱甚至是独一无二不可替代的作用时,他提出加薪的要求才有可能得到老板的同意。当老板确认给这位员工加薪能够贴合自身的利益,他才会最终同意加薪的要求。

就像文章开头案例中,小飞能够为单位创造出很大的利益,是单位里的"台柱子",因此当他向老板提出加薪要求的时候,老板才会做出相应的考虑。老板算了一笔经济账,小飞没来公司之前公司每月的净利润为20000元,而小飞加盟公司之后,公司每月的净利润为25000元。如果不同意小飞的加薪要求,那么小飞就会跳槽,老板每月节省出500元的成本,但是却付出了损失5000元的代价,得不偿失。因此,为了实现利益的最大化,老板必须留住小飞,这才同意他的加薪要求。如果小飞在单位里无法创造出很大的利益,却提出加薪要求,那么等待他的结果可想

第十章 职场经济学：展示能力与才华的达人秀

而知。

在这场拉锯战中，一位员工若想取得最后的胜利就必须提高自己的核心竞争力，也就是所谓的价值。只有具备了这一价值，员工才具有讨价还价的权利与实力，即使双方没达成协议，最终以员工的跳槽结束，那么对这一员工而言也将会是一场胜利，他们会有新的发展机会，可以在新的平台上创造出更大的价值。那么当一位员工具备了这种价值以后，如何成功为自己加薪呢？

1. 主动出击

一位员工若要为自己加薪，就必须主动向老板提出来。几乎没有哪一位老板会主动提出给员工加薪的，资本家的本质就是要最大限度压榨员工攫取最大的利润，因此若要加薪不是梦，员工必须主动出击，直截了当向老板提出加薪的要求。

2. 理由充分

在提出加薪要求之前，员工必须要有一个充分的加薪理由。就像案例中的小飞，他来到公司以后为公司创造了很大的利益，这就是他提出加薪的充分理由。如果小飞做不到这一点，那么他就不具备提出加薪的资格，即使提出来也得不到老板的认可。

3. 确定数目

若要成功加薪就必须确定出一个合理的加薪数目，这数目必须在老板的认可范围之内。如果员工为了自己的利益而漫天要价，那么结果只会是适得其反，因此员工必须根据自身能力，根据工作效益的实际情况来确定数目，让自己与单位能够最终达成一致。

无论何时，员工若要成功加薪，必须努力使自己处于主动的位置上，力争在这一次拉锯战中成为获胜的那一方。否则，员工一味退却，只会让老板占据主动，而员工却成为利益的损失方。

高压竞争：做一条活蹦乱跳的沙丁鱼

张凯与苏鹏同是出版专业出身，张凯经亲戚推荐在当地的图书馆做了一名图书管理员，每天工作轻松却单调。而苏鹏却选择到武汉一家出版社做编辑，工作忙碌竞争激烈。

由于张凯工作稳定，很快就结婚生子，而苏鹏依然是个为了理想打拼的小青年。有时张凯感慨道："兄弟你这是何苦呢，在老家找个轻松的工作一辈子平平淡淡不就得了，看我，孩子都会叫爸爸了。"苏鹏却回复："不，青年时代正是打拼的时代，不能在拼搏的年纪选择安逸。我只有在出版社竞争激烈的环境里才能感觉到奋斗的意义与前进的动力，虽然很辛苦，压力大，但是我感觉到很充实，很有干劲。"

5年后，张凯还是从前的样子，日复一日，生活像平静的湖面波澜不惊。而苏鹏却实现了人生的逆袭，他为出版社策划出版了很多畅销书籍，事业可谓蒸蒸日上，在武汉买了房子，娶了志同道合的女同事。他还不忘自己的专业，出版了一本关于如何策划出版畅销书的书籍，图文并茂，语言活泼，有着很好的销量。

第十章 职场经济学：展示能力与才华的达人秀

苏鹏之所以取得今天的成绩，是建立在无数次与作者通话改稿的基础上，建立在无数个不眠之夜绞尽脑汁策划选题上，建立在一次又一次耐心敏锐观察图书市场走向的基础上，建立在一次次担心业绩不好被出版社淘汰的基础上。他所付出的努力只有自己知道。张凯与苏鹏两种截然不同的人生就告诉了我们，人只有处在一种"高压"的状态下，才能唤醒内心那个沉睡的人，才会激活每一个想要奋斗的细胞，抖擞精神，即刻出发。如果永远都是那只温水里的青蛙，那么永远也就难以跳出那只高高的深深的木桶，此时的青蛙也仅仅是一只坐井观天的青蛙而已。

西班牙人特别爱吃沙丁鱼，沙丁鱼一上岸就会很快死去。渔民们为了卖一个好价格就会在鱼舱里放上几条沙丁鱼的天敌鲇鱼，沙丁鱼为了活命就会由原先半死不活的状态变得飞速游动起来，生命力变得顽强。大自然里很多动物亦是如此，麋鹿每天睁开眼睛的第一件事情就是要加速奔跑，不管后面是不是有猎豹追击，它只管拼命奔跑；老鹰活到一定的年岁就会在悬崖上将自己的喙砸碎，从而获得新生。这足以说明在充满"血腥味"的大自然环境中，动物必须学会应对天敌的本领，才能幸免于难。

弱肉强食的生存原理同样适用于人类，无论是在生活中还是在职场里，人必须成为自己的鞭策者，这也许会有一阵阵痛感，但正是这种痛感才会让自己比其他马匹跑得更快，更早地抵达那片辽阔的草原。当一个人在同一岗位上待得久了，就会产生职业倦怠。这种倦怠心理令员工们难以激发出工作的热情与兴趣，工作效率自然难以提升。老总看到这样一群无精打采、缺乏活力、一天到晚磨洋工的员工，必然会感到一股无名之火从心底蹿起。久而久之，不仅不利于企业的发展，也不利于员工的长远发展。一个连自己的饭碗都不再爱惜的人，是无法在职场上取得成功的。

如果在一个较为安逸的圈子里，放进来几条"鲇鱼"，那么水也许会浑浊，但是那些"沙丁鱼"就会拼命游起来，保持旺盛的生命力。如果在企业里老总下发了新政策，工资待遇与绩效挂钩，在这种机制下所有人都会调动起工作积极性，在大家的一致努力下，公司的业绩一路攀升；如果在企业里实行了员工淘汰制，对于那些工作业绩不理想或者经常在工作中出现差错的员工予以淘汰，任何人都不愿意成为那只被宰割的"羔羊"。

作为一名员工倘若想要在激烈的职场竞争中立于不败之地，就必须成为一条活蹦乱跳的"沙丁鱼"。首先就要确定出自己的职业理想，当一个人在心中确立了一座高高的山峰，从今以后自己就要成为那个勇敢攀登的人。在攀登的过程中也许会有狂风暴雨，也许会有滑坡泥石流，也许腰酸背痛，也许头晕目鸣，但越是这样越没有放弃的理由。如果以前仅仅是售楼处的一个小小的销售员，那么就要通过自己的努力成为一个销售主管；如果以前仅仅是一个消防部门的小小消防战士，那么就要通过自己的学习与努力争取考取消防工程师资格证，争取拿到更高的收入，享受更高的待遇；如果以前仅仅是一个小小的文案人员，自己就要通过自学掌握广告设计方面的技能，既会写作又懂设计，自然就会成为企业里的"香饽饽"。一个人若没有职业理想无异于自甘平庸，但一个人会因拥有职业理想而变得光辉伟大起来。

同时，作为一名员工还要感谢我们的竞争对手。武林高手没有对手也许就难以练就出绝世武功；围棋冠军没有对手就难以进行一场真正的较量；篮球运动员没有对手就不会去研究高超的球技。同为车间流水线工人，当你发现上铺的兄弟做得比你多比你快比你好，你就感到不服气，悄悄把他当作你的竞争对手，内心里产生一种"比赶超"的心理。你开始刻意来提高自己的能力，做工时全神贯注聚精会神，确保每一个零件都不出纰漏，久而久之你发现自己做得并不比别人差。你要感谢对手，是他们让你有了要强的意识，激发出了拼搏的动力。

有时候过于安稳的圈子只能是囚禁一个人的"软监狱"，因此聪明的你要做一个敢于打破枷锁，敢于跳跃的人。